撮影 西山芳一（土木写真家）

1936年（昭和11）に架けられた士幌線の第四音更川橋梁。コンクリートアーチが古代遺跡を彷彿させる。

高知県に残る鉄道遺構の一つ、伊尾木林道の西坂本橋（安芸市）。伊尾木林道は伊尾木貯木場が完成した1915年（大正4）、国有林の森林軌道として開通し、1965年（昭和40）に林道に転換された。

構再発見

A LEGACY OF RAILWAY INFRASTRUCTURE

鉄道遺

REDISCOVERY:

CONTENTS

魚梁瀬森林鉄道のバンダ島隧道（安田町）。建設年は1911年（明治44）。切石砂岩のアーチ構造で、内法高は約3・5メートル。

高知県

魚梁瀬森林鉄道 伊尾木林道

杣夫のいた記憶

4

隅石に川下から2番目の隧道であることを示す「Ⅱ」の陰刻がある。

安田川上流側。石積みの橋台で、橋の全長は43・2メートル。

林業の発展に寄与した森林鉄道

国土の3分の2が森林に覆われている日本において、かつて国産木材は国を強化するために必要な資源であり、また林業は近代化を推し進める上で不可欠な基幹産業でもあった。

およそ2500万ヘクタールある林野のうち、30%を占めているのが国有林である。全国に広がっていた幕藩有林を廃藩置県により官林として編入したためで、この広大な国有林を活用して明治中期以降、林業は営林局や営林署の管轄の下で発展していった。それを支えたのが森林鉄道である。それまでの河川による流送から鉄道へと手段が変わることで、木

5

明神口橋（安田町）は、機関車の導入により、1929年（昭和4）、木製から鉄骨トラス橋へ架け替えられた。

材の輸送量が爆発的に増加したからである。

森林鉄道は、1909年（明治42）、青森ヒバの輸送を目的に津軽半島に整備された津軽森林鉄道より始まった。さらに国有林では秋田・能代地方の仁鮒森林鉄道と大館地方の長木沢森林鉄道、御料林では長野・木曽地方の小川森林鉄道などが相次いで敷設された。

森林鉄道は、急峻な山岳地形に合わせた曲率の高いカーブと軌間（レール幅）の狭いナローゲージ（主に762ミリ）が特徴で、規模の大きなものだけでも全国で50程度の森林鉄道が開通した。しかし、トラック輸送の普及や資源の枯渇、外国材の増加などが影響し、1960年代以降はその多くが廃線となった。だが今でも一部は、遺構として、各地で見ることができる。

トラス桁とI形桁から成る井ノ谷橋（北川村）は、1924年（大正13）に建設された。現在は村道として利用されている。

朽ちた欄干部に、鉄筋代わりに用いた古レールが見える。

鉄筋コンクリート造の充腹式単アーチ橋の堀ケ生（ほりがお）橋（北川村）。1941年（昭和16）建設。同様の形式では同時代国内最大級で、橋長46・9メートル、スパン43メートル。

パンダ島隧道と同じ年に同じアーチ構造で造られた五味隧道（馬路村）。全長は36・5メートルあった。

こちらも機関車の導入により、1927年（昭和2）、木造トラス橋から石造アーチ構造の桟道になった釜ヶ谷桟道（安田町）。桟道の長さは12・3メートル。

魚梁瀬森林鉄道と伊尾木林道

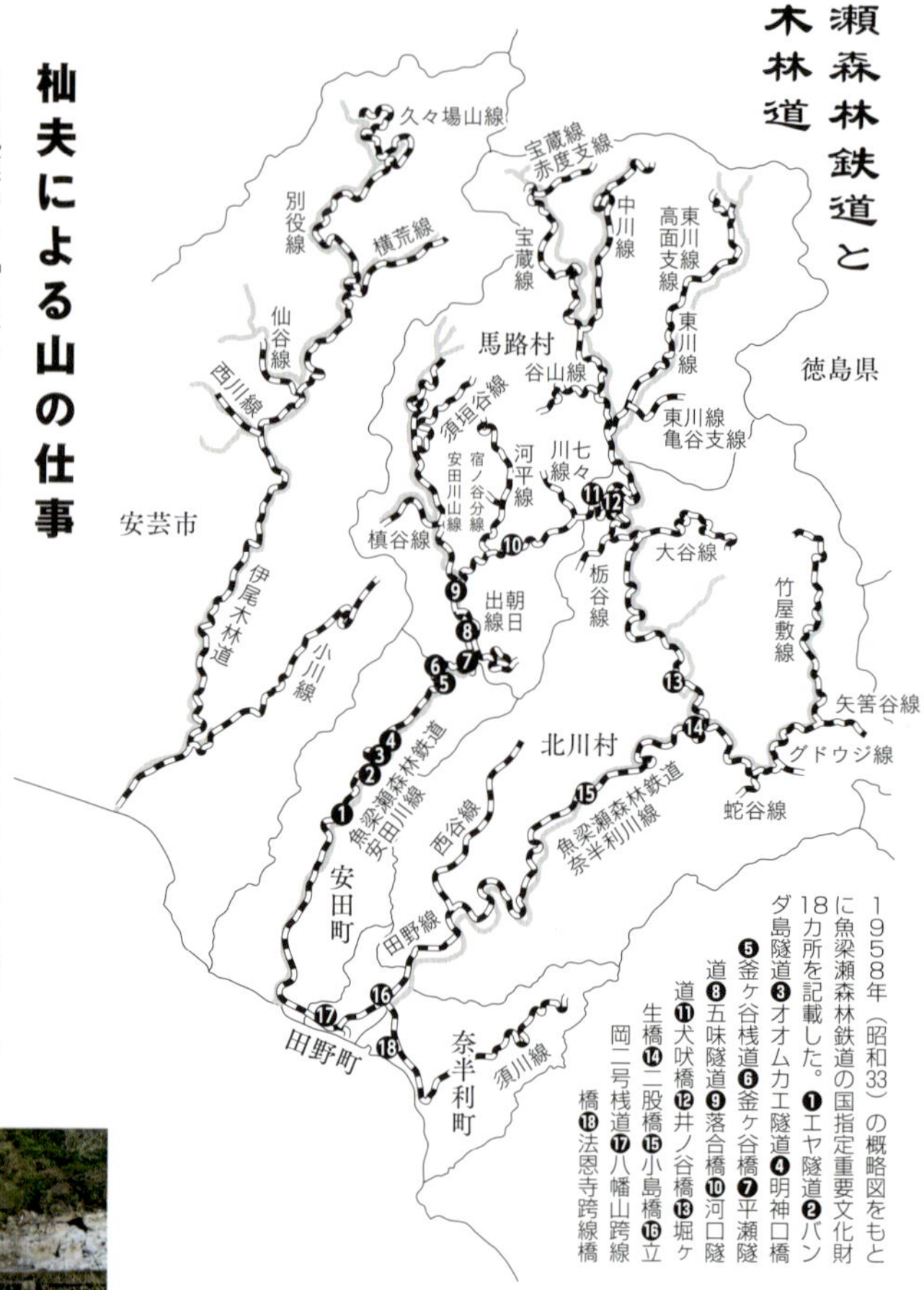

1958年（昭和33）の概略図をもとに魚梁瀬森林鉄道の国指定重要文化財18カ所を記載した。❶エヤ隧道❷バンダ島隧道❸オオムカエ隧道❹明神口橋❺釜ヶ谷桟道❻釜ヶ谷橋❼平瀬隧道❽五味隧道❾落合橋❿河口隧道⓫犬吠橋⓬井ノ谷橋⓭堀ヶ生橋⓮二股橋⓯小島橋⓰立岡二号桟道⓱八幡山跨線橋⓲法恩寺跨線橋

杣夫による山の仕事

その規模から「日本一」とも形容される魚梁瀬《やなせ》森林鉄道が高知に開通したのは、1911年（明治44）のことだった（安田川林道本線）。国有林では青森、秋田に次ぐ日本で3番目の森林鉄道である。

魚梁瀬森林鉄道とは、高知県東部の中芸地区にある海岸部の奈半利《なはり》町、田野町、安田町と、山間部の北川村、馬路村の5カ町村に整備された「安田川線」「田野線」「奈半利川線」とその支線を含む森林鉄道の総称である。急峻な山に囲まれ平野部が少ない中芸地区において、木材のみならず、山を行き来する人々の唯一の足としてなくてはならない交通手段として重用された。

国有林の面積でみると、高知は青森や秋田の3分の1ほどと広くはないが、良材が多いことで知られていた。その代表である魚梁瀬スギは、幹がまっすぐ伸び、油分が多く、枝が少ないため節が少ない天然木で、使うほどに色艶が良くなるとして好まれた。そのほか、モミやツガも産出している。

林業に従事する職人を杣夫《そまふ》という。伐採は通常、杣夫が2人1組となり、呼吸を合わせて大木を挽く作業となるため、親子で組むことが多かった。住まいから遠く離れた現場近くの小屋に、1カ月以上寝泊まりしての仕事である。どの山のどの部分を手がけるかは、くじ引きで決められた。チェーンソーが普及するまでは、オノやノコギリを駆使した手作業であったため、伐採できるのは平均で一日に5本ほどであった。伐採後は皮をはぎ、渋抜きし、枝払いをし、素材丸太にしてから木材を山から下ろす。丸太を運ぶ作業も危険が伴うため、杣夫に次いで、工賃の高い仕事であった。

充腹式2連の無筋コンクリートアーチ橋の二股橋（北川村）は1940年（昭和15）に建設された。

緩やかにカーブするコンクリートの橋桁に、鉄製のフックで枕木を固定していた。

1933年（昭和8）に建設された10連のコンクリート桁橋の立岡（たちおか）二号桟道（田野町）。

9

子どもたちを迎えるための臨時車両が魚梁瀬駅に停車している。1950年（昭和25）。

昭和初期の井ノ谷橋。機関車は煙を上げながら走っていく。

犬引きトロから生活の鉄道へ

森林鉄道の工事はまず、前段階として犬や牛を使った軌道の敷設から行われる。1910年に田野〜馬路間の工事が始まり、翌年完成。当初は機関車が導入されていなかったため、トロ（トロッコ）を用いて、川上から勾配を利用して木材を運び、空となったトロはハーネスを付けた犬が引き上げていた。蒸気機関車が導入されたのは1919年（大正8）で、津軽大林区署より「シェイ式蒸気機関車」が移管されたのが最初である。

鉄道には運転手のほか、連結部でブレーキを調整する制動手が貨車の上に乗り、難所が続く山道の急カーブや下り路線で巧みに減速して脱線を防いだ。沿線住民も日常的に乗車したが、その切符には「本軌道便乗は事故発生及び危害があっても総て補償はしません」と記されていた。

一方で、転落事故への対策も行われた。高知営林局では、1915年（大正4）

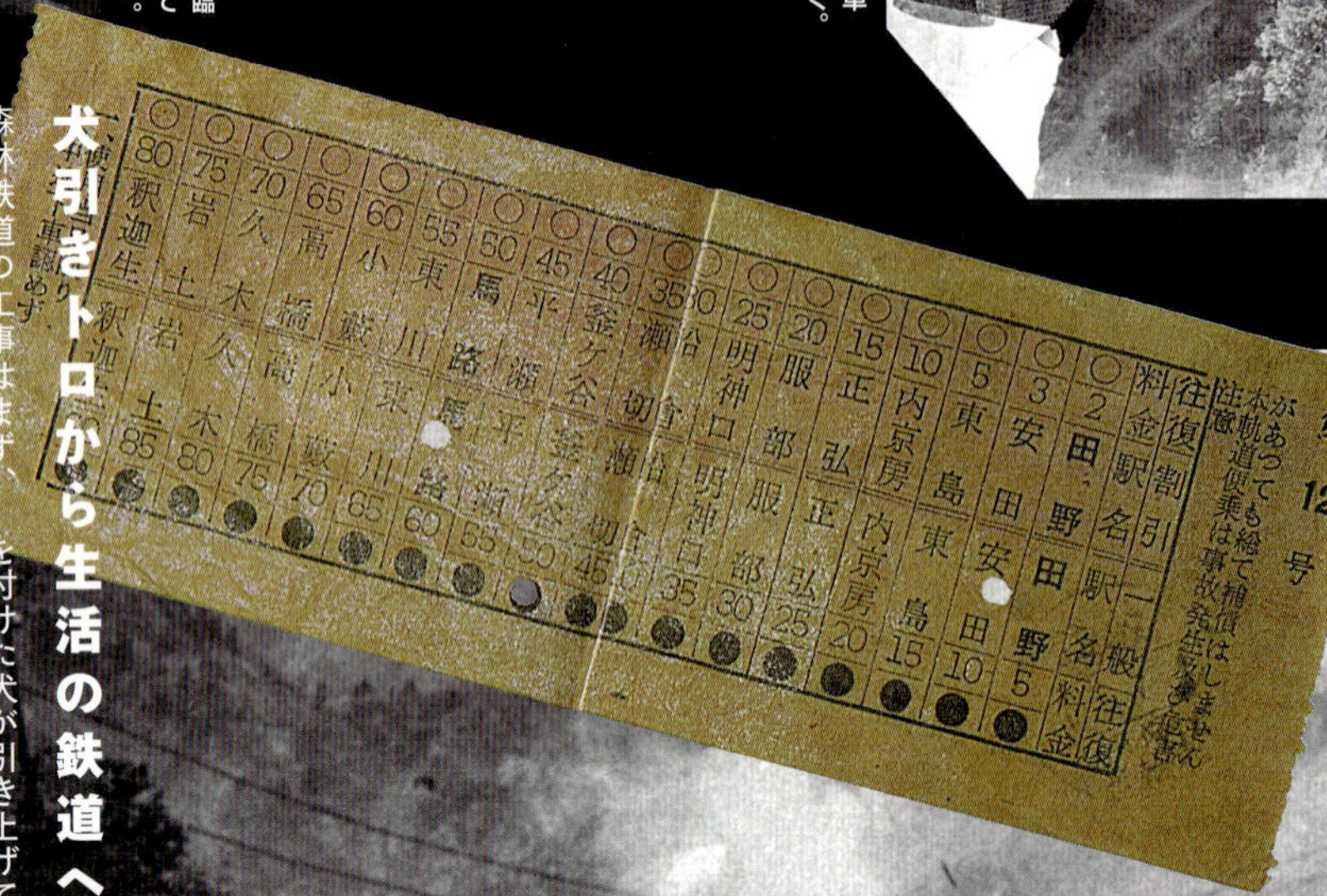

第 12 号

注意 本軌道便乗は事故発生及び危害があっても総て補償はしません

料金	駅名	駅名	料金
2	田野	田野	5
3	安田	安田	10
5	東島	東島	15
10	内京房	内京房	20
15	正弘	正弘	25
20	服部	服部	30
25	明神口	明神口	35
30	谷	倉谷	40
35	瀬	切瀬	45
40	釜ケ谷	釜ケ谷	50
45	平瀬	平瀬	55
50	馬路	馬路	60
55	東川	東川	65
60	小藪	小藪	70
65	高橋	高橋	75
70	久木	久木	80
75	岩土	岩土	85
80	釈迦生	釈迦生	[illegible]

往復割引 一般往復

森林鉄道の乗車券

トロを引く犬。1916年（大正5）ごろ、馬路村にて。犬は土佐犬ではなく秋田犬や地犬との雑種だったという。

桟橋から海へ木材を突き落として船に積み込む。主に阪神方面へ輸送した。1953年（昭和28）。

魚梁瀬の児童合宿所に寝泊まりしながら学校に通う子どもたち。1950年（昭和25）。

に「堀田式」というロープと滑車を利用したブレーキを、1924年（大正13）には「小関式」という梃子《てこ》の錘《おもり》で操作する制御装置を開発した。前者は今も屋久島の安房森林鉄道で使用されており、後者は森林鉄道が廃止されるまで使用された。これらの技術革新により、安全面は飛躍的に向上した。ちなみに機関車は、高知県内の野村組工作所（現在の高知県交通）や谷村鉄工所が製造していた。

安田川線は1919年（大正8）に開通し、奈半利川線は1933年（昭和8）に開通した。後者は1951年（昭和26）に蒸気機関車とガソリン車のディーゼル機関車化が始まっているが、全国的にも先進の技術を用いた森林鉄道として評価された。

昭和30～40年代まで国有林の需要は高まり、それとともに町は活況を呈した。木材を運ぶことで人は往来し、外の文化も入ってくるようになった。

長らく人々の生活を支える交通手段として活躍した魚梁瀬森林鉄道であるが、地域の電力確保に伴うダム建設と、トラック輸送への切り替えなどにより、1963年（昭和38）、すべての路線が廃線となり、撤去されることとなった。一部はダムの湖底に沈み、残された遺構も転用や風化により、人々の記憶から次第に薄れようとしていた。

乗車券 所蔵 写真提供＝馬路村教育委員会／その他写真所蔵 提供＝高知市立市民図書館 寺田正写真文庫

奈半利川線の修理工場。不具合があると工員が車両の修理にあたった。1955年（昭和30）。

奈半利川線の支線に設けられていたインクライン。機関車は谷村鉄工所の内燃機関車。1951年（昭和26）。

立岡高架を渡る森林鉄道の奈半利川線。1953年（昭和28）。

12

一人ひとりの思いから進展した保存活動

この魚梁瀬森林鉄道が再注目されるきっかけとなったのは、馬路村商工会における「村おこし」であった。廃線から四半世紀が過ぎた頃、かつて野村組工作所で機関車を製造していた住民の一人が、森林鉄道の思い出を語りたいと声を上げたのが始まりだ。そこで、馬路村商工会の清岡博基さんの呼びかけで、元高知営林局員で写真家の寺田正さん、馬路村村長の西野真司さんらが加わり、１９８８年（昭和63）、「森林鉄道の思い出を語る会」が開催された。この会には当時の機関車の製造者や営林署の職員のみならず、鉄道ファンも集まり、１００名を超す人々が参加し、森林鉄道への思いを語り合った。馬路村の歴史と文化に、森林鉄道が深く関わ

１９３２年（昭和７）に建設された、２連の下路式トラス橋と、５連の上路式Ｉ形桁から成る小島橋（北川町）。橋長１４３メートル。現存する森林鉄道では最大級の遺構。

花集落に残る、伊尾木林道の支線にある小川川（おごうがわ）橋梁。

錆びた鉄橋には銘版も残されており、「昭和6年8月谷村鐵工場」や「横川橋梁製作所」の陽刻がある。

っていることをあらためて認識する一日だった。

そしてこれを機に、放置されていた機関車を復元し、森林鉄道を再び走らせる「村おこし事業」が開始したのである。丸山公園内に、一周400メートルの路線を敷設し、駅舎や機関庫、ディーゼル機関車や木造の客車を復元したほか、木材搬出用のインクラインを模した水力式ケーブルカーなどを造り、全国的にも注目を集めた。

こうした気運の中、文化庁より2000年（平成12）、一連の橋や隧道が近代化遺産として評価されたことを受け、あらためて調査することとなった。魚梁瀬森林鉄道の地域である中芸5カ町村と「中芸地区森林鉄道遺産を保存・活用する会」を発足させ、その綿密な調査が実り、2009年（平成21）、開通時より残るエヤ隧道やバンダ島隧道をはじめ、桟道や橋など、18カ所に及ぶ土木構造物が国の重要文化財に指定されることとなった。

この遺構

海岸にも鉄道遺構は残っている。魚梁瀬森林鉄道の田野貯木場から海まで続いていた桟橋の遺構で、かつて木材はレールに載せて運び、人力で船に積んでいた。

が評価されているのは、5カ町村にまたがる大規模な遺構が残っている点と、たとえそこにレールがなくても、線路をたどるように18カ所の遺構を巡ることができる点である。

パンフレットや冊子などで見所を紹介するといった地域の努力もあり、県外からも観光客が訪れている。また隧道でイベントを行うなど、新たな活用方法も検討されている。こうした遺構は、観光の活性化に役立つのみならず、地域の歴史や技術を子どもたちに伝える、教育的な資源ともなりうるだろう。

高知県には、伊尾木林道をはじめとした鉄道遺構があるが、まだ明らかになっていないことが多い。魚梁瀬森林鉄道の保存活動の成功を受け、さらなる調査への期待も高まっている。

15

海岸に突如現れるコンクリートの橋脚。森林鉄道は山から海へと続いていた。

16

北海道

士幌線

コンクリート アーチ橋群の風景

景観としての人工美

北海道大雪山系の東麓を、国道273号線は音更《おとふけ》川沿いに上士幌《しほろ》町清水谷から糠《ぬか》平《びら》湖畔を経て、三国峠へと北進する。この国道を行く人の目を奪うのが、点在する年経たコンクリートアーチ橋群である。かつてそこには、北を目指す開拓者を乗せ、十勝平野の農作物を運んだ、日本国有鉄道(国鉄)士幌線の鉄路が走っていた。

士幌線は、帯広〜上士幌間が1926年

士幌線とコンクリートアーチ橋

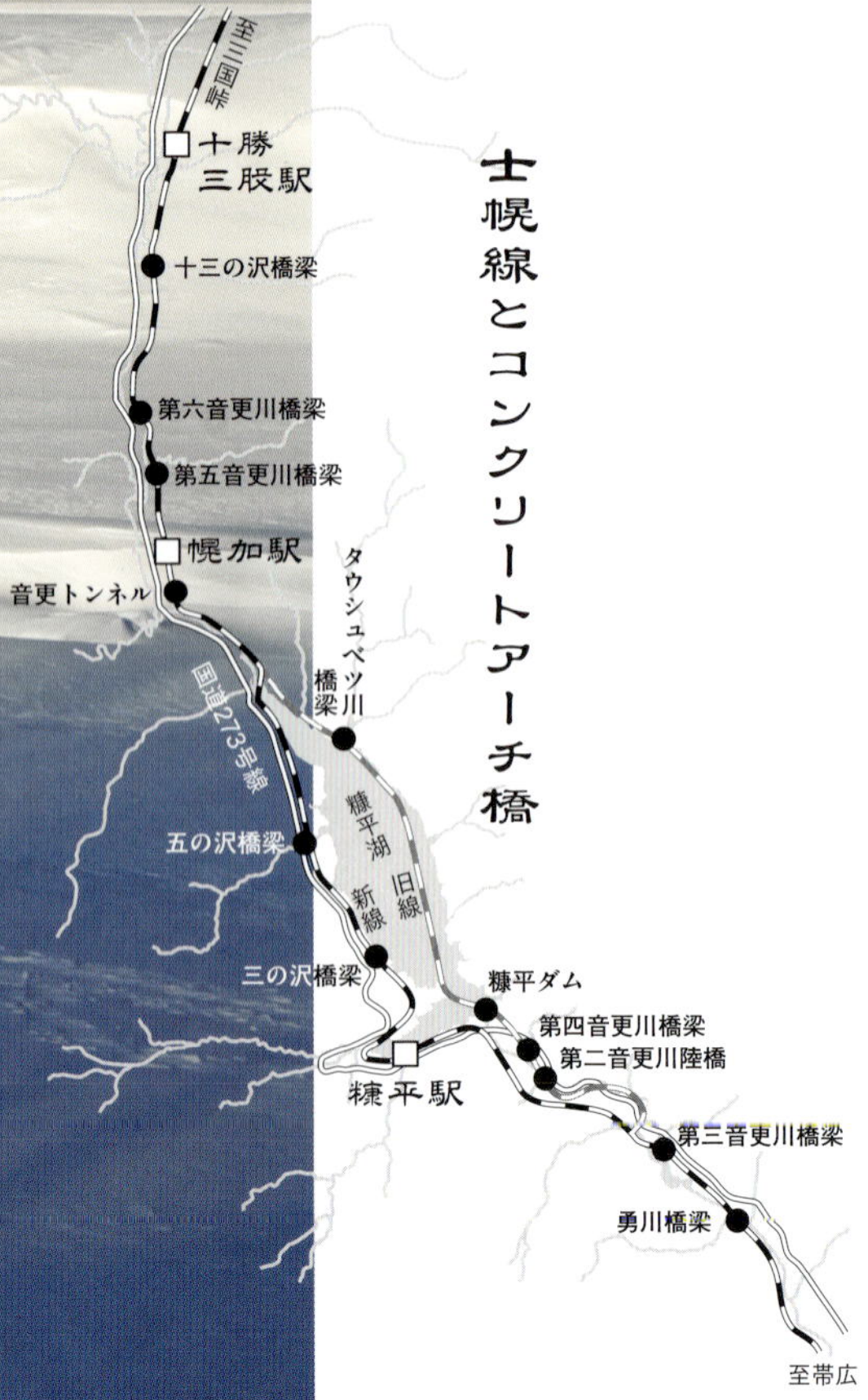

タウシュベツ川橋梁はダム湖に沈んだ旧線区間に残る遺構だが、上士幌町に譲渡されたアーチ橋群には含まれていない。水没、凍結が毎年繰り返され、風化が著しい。

（大正15）までに開通し、その後1939年（昭和14）までに上士幌〜十勝三股間が開通した。背後に広がる森林資源の輸送や、鉱物資源の開発を期待してのことである。道内の鉄道で最も高い海抜661・8メートルの十勝三股駅までは、渓谷を渡り、幾つもの音更川の支流をまたいで急勾配を登っていく。約40キロメートルのルートには、大小60ものアーチ橋が築かれ、コンクリートアーチと鉄桁の組み合わせもあるが、全てコンクリート製の橋は45にも及ぶ。

コンクリートが使われたのは、第一に経済的理由による。輸送費をかけて本土から遠い北海道の山中に鉄材を運ぶことを避け、技術者たちは地元の川砂や砂利を用いる方策を採択した。さらには「大渓谷美ノ間ニコンクリート大アーチ橋ヲ所々ニ配シ、天然美ト人工美トノ快調ヲ計ッタ」ことが、1939年（昭和14）刊行の「音更線建設要覧」（鉄道省旭川工事事務所）に特筆されており、大雪山国立公園内に鉄道を通すにあたり、新たな景観美をつくり出したという技術者たちの自負がうかがえる。

32メートルスパンのアーチで川をまたぐ第三音更川橋梁は、戦前に造られた道内の鉄道用コンクリートアーチ橋としては最大径間を誇り、その後、道内で建造が続く大型コンクリートアーチ橋の先駆となった。全長130メートルとアーチ橋群で最長の橋がタウシュベツ川橋梁で、これは1955年（昭和30）、糠平ダム建設のためにダム湖に沈むこととなった旧線の橋である。季節により湖の水位が変わり、11連のアーチはすっかり水中に没することもあり、その神秘性と風雪に耐える姿は多くの人を魅了している。

17

橋長109メートルと規模の大きい第五音更川橋梁。川をまたぐ23メートルアーチ以外は第三音更川橋梁と同様に10メートルアーチが連なる。1938年（昭和13）完成。

1936年（昭和11）に完成した第三音更川橋梁。川をまたぐ所を32メートルアーチ、両側の川岸部分を1連と2連のアーチ橋にしたのは、川が急峻で一時的に水量が増し、倒木の流出が多いからだという。

18

学び、知ることが観光資源を育てる第一歩

これらのアーチ橋群は、1987年（昭和62）に士幌線が廃線になってから10年後、国鉄清算事業団の解散を機に、地元の上士幌町に解体が申し入れられた。それに対して立ち上がったのが、生涯学習を通じた町づくりに長く取り組んできた町民有志のグループである。道内の土木工学研究者をはじめ、技術者や産業考古学者を招いて学ぶ機会を度々設けるとともに、町の教育委員会の協力も得て、町民が廃線遺構に親しむイベントも頻繁に企画した。こうして先人が築いた構造物が、誇るべき「地域の宝」であることが周知され、町内、旧士幌線沿線市町村にとどまらず、保存への関心が広く呼び覚まされていったのである。

この「ひがし大雪鉄道アーチ橋を保存する会」を中心とした、署名活動や専門家による現況調査、保存活用策の提言などが実を結び、1998年（平成10）、上士幌町に34の橋梁と線路跡地の一部が譲渡されることになった。2001年（平成13）には34橋梁が第1回北海道遺産に認定され、5つのアーチ橋と1つの隧道は1999年と2003年、国の有形文化財にも登録されている。

保存する会の活動はその後、NPO法人「ひがし大雪アーチ橋友の会」に引き継がれた。解体の危機にあった文化遺産を、町民有志の手で、多くの人が訪れる観光資源に育て上げた活動の功績は大きい。橋梁補修を目指した募金活動、廃線跡を利用した環境省による北海道自然歩道「東大雪の道」の整備など、保存、利活用の取り組みは現在もたゆまず続いている。

橋の中には、1955年（昭和30）の糠平ダム建設時に付け替えられた士幌線の新線に架かる橋もある。その一つで橋長7メートルと小さな五の沢橋梁。

取材協力　NPO法人 ひがし大雪アーチ橋友の会

19

新潟県

佐渡金銀鉱山 トロッコレール

坑道という産業遺産

20

トロッコが活躍した時代

　トラックが導入されるまで、長らく産業鉄道や森林鉄道などの軽便鉄道で活躍したのがトロッコである。軌道上を走る簡易な貨車の一種で、19世紀後半、フランスのドコービル社が軌道と車両を開発し世界に広まった。英語の「トラック」が語源とされる。日本を代表する鉱山の佐渡金銀鉱山にも、トロッコレールが張り巡らされていた。産業を発展させるための導線として、トロッコレールが果たした役割は大きいといえるだろう。

　平安時代の『今昔物語集』において、金が採れるとしてその名が挙がる佐渡金銀鉱山は、江戸、明治、昭和と段階的に発展し、長きにわたる鉱山史を物語る産業遺構が多数残されている。佐渡で金脈が発見されたのは、１６０１年（慶長6）。佐渡最大の金銀鉱山となった相川金銀山で、その後４００年間にわたり採掘され、できた坑道（地下通路）は、１９８９年（平成元）の休山まで４００キロメートルにも及んだ。

21

北沢地区の浮遊選鉱場。手前にある円形のものはシックナー（26頁参照）。中央の坂道を挟み左側が青化製錬場と浮遊製錬場、右側が浮遊選鉱場の跡地である。

粗砕場（そさいば）投入口。軌道で運ばれたトロッコ（鉱車）はチップラーと呼ばれる筒の中で回転し、載せていた鉱石を自動的に破砕場に落とす。

400キロメートルに及ぶ相川金銀山の坑道。最深部は海面下530メートルに位置する。

23

道遊坑のトロッコ軌道。エレベーター設備のある竪坑を通じて、何層もの坑道とつながっている。

24

トロッコを牽引する2トン蓄電池式機関車とターンテーブル。

鉱山の近代化

佐渡金銀鉱山の近代化は、1869年（明治2）の官営化によって促された。明治政府は、イギリス人のエラスムス・ガワー、ジェームス・スコット、ドイツ人のアドルフ・レー、アメリカ人のアレクシス・ジェニンら、外国人技術者を招聘し、佐渡で培われてきた鉱山技術を生かしながら、西洋の先進技術が導入された。ガワーは、採掘方法と製鉱所の建設やトロッコ用の軌道を敷設し、スコットは機械を導入してトロッコの運転を伝えた。レーは、西洋式の坑道を日本で初めて掘ることに成功している。

高任地区の貯鉱舎にあるトロッコへの積み込み施設。

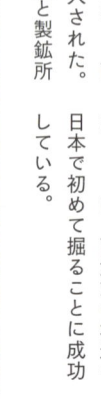

　１８９６年（明治29）、官営から民間へ施設の払い下げが行われ、以後は三菱が経営を担った。佐渡金銀鉱山の主要な鉱脈である道遊脈《どうゆうみゃく》の開発を目的に道遊坑が開坑され、複数の採掘場所から坑道を結びながらトロッコで間ノ山《あいのやま》搗鉱《とうこう》場へ鉱石を運ぶルートが完成したのは、その３年後である。やがて動力は蒸気に代わり電気が導入され、産出量も飛躍的に伸びていった。

　加工工程は大別すると、鉱石を採掘する「採鉱」、有用な鉱物と不要な鉱物に分ける「選鉱」、鉱石を還元して金属を取り出す「製錬」があるが、近代化されて以降、施設は旧相川町の濁川沿い２・５キロにある「大間地区」「北沢地区」「間ノ山地区」「高任《たかとう》地区」「大立地区」「戸地地区」の６地区に分かれて建設された。

高任の粗砕場へ続くレール。

文化財として歴史を語り継ぐ

昭和期には大型の施設が増設された。金銀の増産が奨励された日中戦争時は、直径50メートルの巨大なシックナー（粒子の混じった液体に凝集剤を入れて攪拌し、金銀などの沈殿物と液体とに分離する装置）や東洋一と称された浮遊選鉱場（鉱石を細かく砕いて泥上にして気泡剤を入れ、攪拌して金銀などを泡の表面に濃集する装置）が建設されたが、戦後は生産量が激減し、1952年（昭和27）、深部に位置する坑道がすべて閉鎖された。鉱山施設は三菱から独立し、閉山後の現在はゴールデン佐渡として観光開発を進めている。なお佐渡金銀鉱山は、現存する菱刈鉱山に次ぐ日本2位の産出量を誇り、388年間で金は78トン、銀は2330トン、銅は5400トン産出した。

残された多くの施設のうち、昭和戦前期に整備拡充が図られた「大立竪坑櫓」「大立竪坑巻揚機室」「道遊坑及び高任坑」「高任粗砕場」などは国の重要文化財に、また、相川金銀山の施設は「佐渡金銀山遺跡」として文化財保護法により国の史跡に指定されている。さらに44カ所に及ぶ「金を中心とする佐渡鉱山の遺跡群」は、2010年（平成22）、日本の世界遺産暫定リストに記載された。佐渡金銀鉱山は、コンクリートや鉄骨を用いた遺構が多いことでも知られ、近代遺跡としての価値も評価されている。

鉱山用として築港された大間港には、トラス橋とクレーン台座が残っている。クレーン台座の脚部は石積みで鉄筋コンクリート造である。

27

ローダー橋脚は1938年（昭和13）頃に建造された。鉱石や火力発電用の石炭を運ぶクレーンやトロッコがこの橋を通っていた。

28

クレーン台とローダー脚が残る大間港は、島の西側に位置する。夕日を背景に浮かび上がる遺構は、佐渡鉱山を支えた、島になくてはならぬ導線であった。

大日影トンネル遊歩道の入り口。

遺構点描

29

1000メートルの遊歩道

山梨県・中央本線

大日影トンネル

日本各地に残っているさまざまな鉄道遺構の中でも、成功した再活用事例として知られているのが大日影《おおひかげ》トンネルと、それに続く深沢トンネルのワインカーブである。

大日影トンネルは、1896年（明治29）に始まった八王子〜甲府間を結ぶ中央本線（現東日本旅客鉄道、通称JR東日本）のトンネルとして掘削された。1903年（明治36）に開通した中央本線は、地域の経済発展に大きく寄与した鉄道で、それまでぶどうの出荷は馬の背に載せて東京まで3〜6日か

旧大日影トンネルに並行して走る中央本線。

全長は1367・8メートル。幅は3・57〜3・74、高さは4・9メートル。これほどの長さのレールが残っている遺構は希少である。

けて運んでいたが、この開通により、およそ半日で大量輸送することが可能となった。

　１９６８年（昭和43）、複線化に伴い、並行して新大日影トンネルが掘削され、旧トンネルは上り専用、新トンネルは下り専用となった。さらにその後、線形改良のために第2大日影トンネルの開通が決まり、旧大日影トンネルは廃止されることとなった。

　２００５年（平成17）、旧大日影トンネルはJR東日本から旧勝沼町へ無償譲渡され、その2年後、遊歩道として生まれ変わった。

　トンネルで使用している煉瓦は、明治時代に牛奥村（現甲州市）に建設した工場で焼いたもので、英国人技師の指導の下、1段おきに長手の段と小口の段を積んでいくイギリス式で積んでいる。内部の煤や標識、開渠水路、ベンチマークなどは当時のまま残っており、レールは深沢トンネルから移設した。

　掘削当時は、どれほどの労働力と技術力が必要であったのかに思いを巡らしながら、ほの暗くひんやりとした１０００メートル続くトンネルを、およそ30分かけて歩く。

山梨県・中央本線

自然の温度でワインを保つ

深沢トンネル ワインカーブ

旧大日影トンネルの向かいにあるのが深沢トンネルで、勝沼町ぶどうの丘が管理するワインカーブ（ワイン貯蔵庫）である。2年かけて調査したところ、このトンネル内の環境が、年間温度で6～14℃、湿度で45～65％を保ち、ワインを熟成させるのに適していること、また保存したワインの状態が良好となったことから、ワインカーブとして再利用することが決定した。個人と企業にスペースを貸与しているがとても評判が良く、個人オーナーになるには、およそ7年待たなければならないという。

地元の企業を対象としたスペース。レール状の線は、ワインの運搬時に生じたフォークリフトのタイヤ痕で、中央の線の下に、その操作用センサーが埋め込まれている。

トンネルワインカーブ内の個人オーナースペース。1ユニットでワイン300本が収納できる。

32

鉄道線路下の技法

ねじりまんぽ

岐阜県・東海道本線 甲大門西橋梁

ねじりまんぽは、トンネルを意味する「まんぽ」と、ねじれて積まれた煉瓦を意味する「ねじり」の合成語である。盛土の線路区間で道路や河川と斜めに交差する場合、煉瓦を水平に積むと、一方の端部ではアーチにかかる力を橋台に伝達できない（アーチ構造が成立しない）ため、力の伝わる角度に合わせて煉瓦を積んだ構造物（ないしは技術）のこと。この技術は明治時代、お雇い外国人技師によってもたらされたと考えられているが、大正時代には使われなくなった。

西日本を中心に30例ほど存在しており、ＪＲ東海道本線には写真の甲大門西橋梁をはじめとした13カ所が確認され、ねじりまんぽの宝庫として知られる。甲大門西橋梁は、歩行者からするとトンネルだが、鉄道からすれば橋梁の位置付けとなっている。

東海道本線の甲大門西橋梁。アーチ部だけでなく、腰掛部も煉瓦造の歩行者用トンネルで、幅は2・1メートルほどある。

33

下駄歯橋梁

未完成な美しさ

福岡県・平成筑豊鉄道田川線 内田三連橋梁

水流による圧力に耐えるように、写真に見る下流側は煉瓦造だが、上流側は切石造である。

3連アーチの両脇は道路で中央は水路。

豊州鉄道の田川線は、筑豊地方で産出した石炭を輸送するための路線として、1895年（明治28）、行橋～田川伊田間を結んで開業した。その際、将来の複線化を想定して橋梁を拡幅しやすいように、側面を凹凸状にした「下駄歯」橋梁として造られた。しかし複線化されぬまま、1901年（明治34）、豊州鉄道は九州鉄道に吸収合併され、JR九州を経て、現在は平成筑豊鉄道が運営している。複線化を想定していたので、下駄歯の状態は未完成ともいえるが、結果として凹凸した煉瓦が装飾のように見えるというのが興味深い。

内田三連橋梁は、国の有形文化財に登録されている。設計は野辺地久記で、ドイツ人技術者ヘルマン・ルムシュッテルも関わっているとされる。下駄歯橋梁は田川線のほか、東海道本線でもいくつか見ることができる。

テルファーは清水埠頭駅とつながる臨海公園内にある。清水港線は貨車と客車を併結した混合列車を一日に1往復、運行させたことで知られ、1984年（昭和59）に廃線となった。

34

木材輸入港のスケールを示す
静岡県・清水港線
テルファー

長さ110メートル、幅0メートル、高さ11メートル。コの字形をした巨大なクレーンは、国鉄清水港線の清水港駅に建設された鉄道施設である。このようなクレーンをテルファー（またはテルハ）という。

清水港は、かつて日本有数の木材輸入港であった。鉄道省は1928年（昭和3）、貨車に木材を積み込む作業の効率化のために、最新鋭のクレーンを導入。コンベアーを利用する場合は20トン分の木材の移動に1日を要したが、テルファーならばわずか48分で荷役を終えることができた。I形鋼のランウェイ（横行レール）に沿って移動するホイスト式クレーンで、運転手室があり、電動の巻き揚げ装置で走行する仕組みである。

1939年（昭和14）、さらなる効率化のために門形のガントリークレーンへと切り替わったため、その役割を終えた。しかし鉄道遺産として評価され、2000年（平成12）に国有形文化財に登録、2014年（平成27）に日本機械学会より「機械遺産」に認定された。

兵庫県朝来市

羽淵鋳鉄橋

馬車で鉱石を運んだ明治の希少な鋳鉄橋

１８６８年（明治元）、初の官営鉱山となった生野鉱山は、フランス人技師が設備の近代化を担い、その一環として鉱石を瀬戸内海の飾磨《しかま》港へ運ぶ馬車道が舗装整備された。神子畑《みこばた》鉱山での採鉱が本格的に始まると、１８８６年（明治19）から神子畑～生野間にも運搬専用道路が開かれた。当初は牛車と手引車によったが、１８８９年に馬車軌道が敷かれた。

この区間に架けられた5つの橋のうち、現存する羽淵橋と神子畑橋は、日本に2つしかない全鋳鉄橋である。

鉄橋の材は、強度を高めるために当時既に鋳鉄から錬鉄へ、ほどなく鋼鉄へと進化していったため、日本における鋳鉄橋の時代は極めて短く、貴重である。

高欄の亀甲の意匠には和洋折衷の趣があり、鋳鉄の質感と共に明治の面影を伝えている。

軌道廃止後は生活橋として使われたが、１９９０年（平成2）の台風禍による河川改良工事に伴い、近くに公園を造成して移築。2連アーチ、橋長18・27メートル。

35

名前と場所を変え、百年以上現役を貫く

神奈川県横浜市

霞橋

36

横浜市中区の新山下運河に架かる霞橋は、2013年（平成25）の架け替えにより、3度目の利活用となった鉄橋である。これはさかのぼること117年前、1896年（明治29）に日本鉄道土浦線（現JR常磐線）隅田川橋梁のためにイギリスで製造したプラットトラスで、明治中期としては最大級の200フィート（約00メートル）2連のトラス橋であった。1928年（昭和3）に機関車の荷重増加により撤去されたが、翌年開業した国鉄新鶴見操車場で、同じく移設された日本鉄道（現JR東北本線）荒川橋梁などと共に、横浜・川崎両市をつなぐ江ヶ崎跨線橋の部となった。

失われた技術といわれるリベット結合や、橋上部の対傾構（橋が横にぶれないよう荷重を分散させる構造材）など、技術的にも意匠的にも珍しい見所が多く、しかも間近に触れることのできる貴重な遺構である。

こうした成り立ちから、この跨線橋は近代土木遺産として高く評価される一方で、架橋から80年が経ち、使う立場から道幅拡張の要望も強かった。そのため新鶴見操車場跡地の再開発を機に架け替えが決まり、土木学会からは保存要請があったものの、具体策が見つからなかった。そこへ折しも霞橋が老朽化により架け替えられることになり、霞橋として現役復帰する道が開けたのである。霞橋の長さは江ヶ崎跨線橋の約半分で、かつ一方通行で歩道もなかったが、道幅は以前より拡幅することができた。こうした条件が合致したことは極めて幸運だったといえる。

再々利用にあたっては、2連のトラスから状態の良い部分を抜き取って1連としながらも、外観や構造の特徴を生かすこととし、部材も錆を落として損傷の度合いを一つひとつ確認し、可能な限り活用している。関わった多くの人の熱意で再生がかなった橋は、地域のシンボルとして迎えられ、新たな風景の中で時を刻み始めている。この橋の改策方法はわが国では類例がなく、２０１４年、橋の世界では最も権威があるとされる土木学会田中賞を受賞した。

38

上縁の曲線が印象的

ラチス桁跨線人道橋

長野県・中央本線 茅野駅

線路で分断されていた地域を結ぶ跨線人道橋によって、街の利便性は向上した。

遺構巡りには、残された断片から推理していく謎解きの面白さがある。中央本線茅《ち》野《の》駅にある跨線人道橋も謎を秘めている。中央本線の線路を横断する跨線橋として設置されたのは、1931年（昭和6）である。

謎解きのポイントは主に2つ。一つがその由来である。手掛かりとなるのが桁の菱形の大きさやリベットの穴だ。長野県の橋梁を研究する小西純一さんは、工事報告書に記載された写真と類似していたことから、1926年（大正15）から1928年（昭和3）にかけて行われた関西本線の2代目木曽川橋梁あるいは揖《い》斐《び》川橋梁の工事用仮橋として使用された桟橋のラチス桁174枚のうちの4枚ではないかと推測する（※1）。

もう一つの謎は、なぜラチス桁なのかということだ。日本の鉄製鉄道橋

リベットや菱形の形など、細部を見極めることで、遺構の歴史が見えてくる。

古レールを再利用した支柱には、「UNION」の陽刻が残されている。

梁は、部材を三角形状につなぐトラス橋や、最も一般的であるI形の桁から成るプレートガーダー橋（鈑桁橋）は多く残されている。しかし、菱形状の桁から成るラチス橋は、製作に手間がかかるため希少である。鉄道用に限れば、ラチス橋は日本では、山陰本線の竹野川橋梁と田君川橋梁、JR西日本山口線の徳佐川橋梁の3例しか残っていない。茅野の跨線橋についても、同様の跨線橋はほかに存在しない。小西さんは、イギリスの駅構内の跨線橋を思わせると指摘しつつ、ラチスにした背景として、第一次世界大戦の影響で、プレートガーダー橋に必要な鋼板が入手困難となったことがあり、その代用品としてラチス桁が製作された時代があったことにも言及している。

　すべて、そこに実物が存在することが、何よりも重要な手掛かりとなる。

長さは20・76メートル、最大支間9・1メートル。

※1　西野保行、小西純一、中川浩一『土木史研究』第15号「わが国における鉄道用ラチス桁の現状とその歴史的経緯」1995年6月／小西純一、水口正敬、瀬川俊典『土木史研究』第20号「長野県の歴史的橋梁の現況について」2000年5月より

竣工は1925年（大正14）。王子駅では、ホームの支柱にも古レールが使用されている。

今を生きる明治の古レール

東京都北区・JR王子駅

飛鳥山下跨線人道橋

廃線によって残された鉄道施設のうち、最も転用しやすいのが古レールで、ホームの支柱や梁、橋、フェンス、コンクリートの鉄筋代わりなど、さまざまな場所で再利用されている。鉄が貴重だったこと、当時のレールは加工しやすい硬度だったことから、明治の鉄道敷設以来、第二次世界大戦後の物不足の時代まで、廃線や交換で撤去した古レールのリユースは続いたようだ。都内でもホームの利用例が多い。

JR王子駅南口に直結し、江戸時代より花見の名所として知られる飛鳥山公園に通じるアーチ橋には、1880年（明治13）から1909年（明治42）にかけて、欧州から輸入された初期タイプの鋼レールが使用されている。その中には、「UNION D 1887 N.T.K」という刻印もあり、1887年（明治20）のドイツ製のレールが含まれていることも分かる。

複数の線路をまたぐ橋の上からは、最新型の新幹線が走り抜ける高架も見渡せ、1世紀半近い日本の鉄道史に思いを馳せずにはいられない。

鉱山の発展と橋梁デザイン

栃木県

足尾線

霧も霞もない2時間の距離

「地上二点の距離を説明《いいあらわ》す場合に、何里何町というようなところには、多くの不便と、多くの不安と、不利益やら、不経済やら、不の字づくしが盛んに跳梁跋扈している。由来かくのごとき所を指して、辺土、遠郷、山奥、片田舎などと呼んでいる。霧や靄のかかったようなこれらの詞《ことば》は、未だ人智の幼稚な未開時代の旅客が、長途の疲労に呻吟して発した倦怠の声である。

　甲乙二点の中間距離は今は単に『時間』である。簡単明瞭である。そこにはもはや霧もなく靄もない。何里もなく何町もない。

　新橋と大磯の距離は約二時間である。桐生と足尾の距離も約二時間である。東洋第一の名ある足尾銅山は、今日ではすでに山奥でもなく山でもない。単に『二時間』となった」

　これは、1912年（大正元）12月30日、資金250万円を投じて完成した足尾鉄道を世に初めて紹介した記事の一部である（※1）。中心地より離れた位置にある足尾町において、鉄道がどれほど望まれたものであったかが分かると同時に、足尾銅山で活況を呈していた町に対する自負も読み取れる。

※1　1913年（大正2）9月10日発行の王孫子が著した『足尾銅山之栞』より、一部表記を改訂して抜粋。

足尾銅山の足尾製錬所。至るところで貨物線のレールを見ることができる。

足尾製錬所内の貨物駅「足尾本山」

24年がかりで完成した足尾鉄道

足尾銅山の鉱床は１６１０年（慶長15）、２人の百姓により発見されたといわれ、幕府の鉱山として採掘・精銅が始まった。明治維新後は政府に接収され、その後は民間へ払い下げられ、１８７７年（明治10）、古河財閥の創業者である古河市兵衛が経営に乗り出し、日本で最大の銅山として、１９７３年（昭和48）まで採鉱を続けた。古河市兵衛は機械嫌いとして知られていたというが、足尾銅山の経営においては、電車、削岩機、水力発電、鉱害防止設備など、いち早く機械や設備の導入に踏み切った。

足尾鉄道は、産銅量の増大に伴う必要物資と生産品の輸送力不足を解決するために計画された鉄道である。これは、市兵衛が１８８８年（明治21）、足尾～大間々《おおまま》間に電気鉄道の敷設を計画したことに端を発する。しかし採算が合わなかったため、当初は軽便馬車鉄道を敷設するだけにとどまっていた。

電気鉄道の技術導入は、前年にドイツのジーメンス社の視察を受けた際に、電気精錬、水力発電と共に提言されたことがきっかけだった。実際に１８８９年に東京の本所に電気精銅所を、１８９０年に水力発電所を開設している。電気鉄道は、１８９１年、製錬所～馬車鉄道本山停留所間に実用化した電気鉄道を日本で初めて開通させ、1897年（明治30）に日本で最初の電気鉄道を坑内に敷設した。

　しかし鉄道そのものの計画は順調には進まなかった。市兵衛を発起人にして設立許可を政府に度々申請するものの、自然の障害が大きいとして認められなかった。折しも足尾銅山による鉱毒が問題視され、鉱害を予防するための工事命令が下されていたこともあり、鉄道建設への動きは暗礁に乗り上げた。

　市兵衛は足尾鉄道の実現を夢見ながら、1903年（明治36）、72歳でこの世を去った。しかし日露戦争を経て、金融緩和が進み、銅価の上昇も見られるようになると、この機に乗じて市兵衛の遺志を継ぐべく、区間を足尾～桐生に変更して再び鉄道敷設を政府に申請した。こうして24年の歳月を経て、足尾鉄道が完成したのである。開通の4年後、足尾銅山は最盛期を迎え、町の人口は栃木県では宇都宮に次ぐ3万8000人に達した。

　1913年（大正3）に足尾鉄道は国鉄足尾線となり、閉山後も貨物列車は、輸入銅鉱石の運搬と濃硫酸の出荷に運行されたが、1987年（昭和62）、国鉄民営化に伴い廃止された。現在は、わたらせ渓谷鐵道として桐生～間藤《まとう》間が運行されている。また2009年（平成21）には、足尾駅を含む12の鉄道施設が国登録有形文化財となった。日本の世界遺産暫定一覧表候補の文化資産でもある。

松木川の支流出川を渡ると、終点の足尾本山駅がある。これは製錬所の建物がまだ残っていた頃の写真で、左に見える、製錬時の副産物である濃硫酸の貯蔵タンクは現存する。

足尾本山駅の手前にある向赤倉隧道。

足尾は橋の展示場

足尾鉄道は、いくつもの川を越え、急峻な地形の渓谷沿いを開削して敷設された。高低差も大きく、間藤～足尾本山は、30・3パーミルという急勾配である。数多くの橋が必要で、全線中では96の橋梁と12の隧道が、足尾区間だけでも26の橋梁が架けられた。市兵衛の果たせなかった敷設の夢に古河の威信をかけて挑んだこの事業は、技術の粋を国内外から集めて遂行された。その結果、道路・水路用も含め趣の異なるさまざまな橋梁が集まることとなり、足尾は「橋の展示場」と称されるほどとなった。

ピン結合の第二渡良瀬川橋梁

渡良瀬川に架かる第二渡良瀬川橋梁は、足尾線が開通した1912年に竣工し、現在はわたらせ渓谷鐵道の橋梁として使用されている。足尾鉄道の中で最長の橋梁で、全長は105メートル。ピン結合の2連のプラットトラスと1連のプレートガーダーから成る。アメリカの著名な橋梁技術者であるセオドア・クーパーとチャールズ・シュナイダーが設計し、カーネギーより鋼材を輸入して東京石川島造船所が製作した。ピン結合は、リベット打ちのように火を使わないため、プレハブ工法とも呼ばれ、解体・組み立てしやすく合理的とされた。アメリカの植民地において多く導入されたが、後に安定性に欠けるとして論争も生じている。

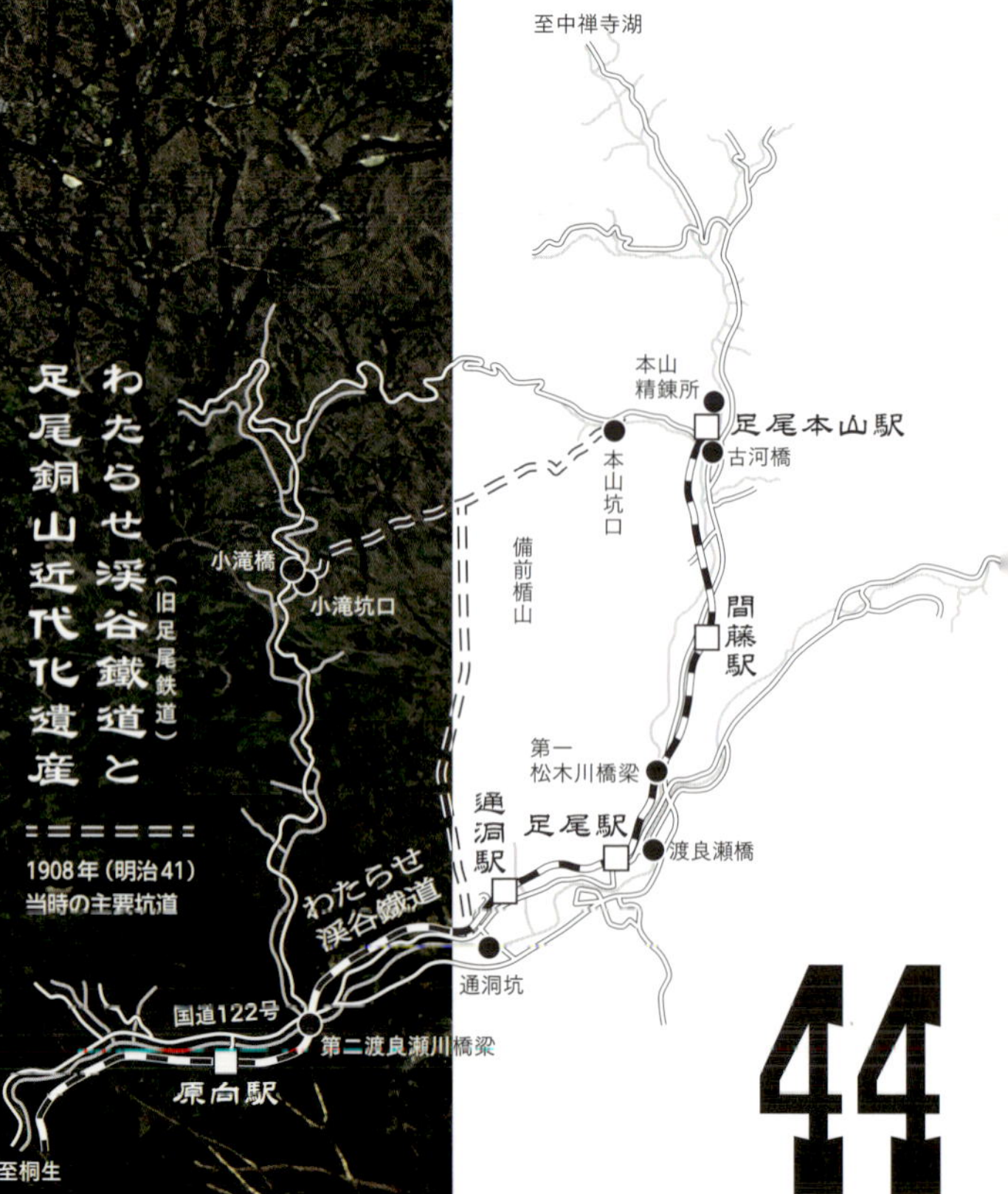

日光国立公園
足尾
中山
48.3.12
通洞駅
COVER
JAPAN

1

1　古河鉱業の御用写真師として数多くの写真を残した小野崎一徳の写真帖（1895年発行）より。軽便鉄道が敷設された古河橋。足尾銅山では1884年（明治17）より坑外鉄道を導入している。

2　1890年（明治23）の完成当時の馬車鉄道と人々の様子。なお、足尾銅山工作課は1893年（明治26）、国産第一号となる電気機関車を走行させている。

3　本坑口と馬車鉄道。本山地区の本口坑は足尾町内でも海抜が最も高く、約830メートルあった。

4　1887年（明治20）～1889年（明治22）頃、京子内（きょうこない）に設けられたインクラインと隧道。

5　銅山構内の全景。坑内では鉱石や物資を運ぶ手段として鉄道が活用された。

3

2

5

4

写真はすべて国立国会図書館デジタルコレクション『古河足尾銅山写真帖』より

銘鈑には「HARKORT」の陽刻がある。

ボウストリング・ワーレントラス橋の古河橋

本山と赤倉を結んで松木川に架かる古河橋は、１８９０年（明治23）に架設された、全長48・5メートルのトラス橋で、古河市兵衛にちなんで古河橋と名付けられた。馬車鉄道も敷かれ、本山まで再びつながった。日本に現存する道路用鉄橋としては初期のものとして知られ、現在は歩道橋として再生されている。製造はドイツのハーコート社で、工場で製造した部材を現場で組み立てられるよう、ボルトとナット、ピン結合を採用。弓に弦を張ったような形状をしたボウストリングトラス橋であり、斜材の向きを交互にしたワーレントラス橋でもある。斜材のみのワーレントラス橋もあるが、古河橋では副材として垂直材を設け、斜材にかかる圧縮力や引張力を負担している。また上弦材をフランジのあるH形断面（L形材と平板材の組み合わせ）とした珍しい構造でもある。

古河橋は、日光市指定文化財となっている。

47

第一松木川橋梁を渡る、わたらせ渓谷鐵道の気動車。

48

上路式プレートガーダーの第一松木川橋梁

第一松木川橋梁は、１９１４年（大正3）に開通した、上路式プレートガーダー橋で、プレートガーダーは車両メーカーとして有名な汽車製造製である。特筆すべきは、これを支える橋脚で、コンクリートと石造りの橋脚の上に、イギリスのパテント・シャフト・アンド・アクスルトリーが１８８８年（明治21）に製作したトラス橋脚を付けている。日本鉄道が盛岡～青森間の馬《ま》渕《べち》川水系用に使用したものを足尾鉄道に移設したものと考えられている。

第一松木川橋梁の上流側に架けられた歩道橋の田元橋。坑外馬車鉄道から発展した、もとガソリンカー用のピン結合トラス鉄橋で、橋台には木橋時代の支持受けが残る。

１８７５年（明治18）に開坑した小滝（こだき）坑跡。本山、通洞と並ぶ足尾銅山の三大坑の一つで、坑道は本山坑まで一直線につながっていた。

庚申川を渡り小滝坑入口へと伸びる小滝橋は、１８８７年（明治20）に銅山便道（私道）のために架けられ、１９２６年（大正15）、写真のトラス鉄橋に架け替えられた。

通常のコンクリート橋とは一線を画す来歴の渡良瀬橋。

50

鉄橋からコンクリート橋になった渡良瀬橋

もう一つ、鉄道遺構ではないが、明治後期に建造された渡良瀬橋も当時の技術を示す貴重な橋である。明治後期に架設された鉄製のスパンドレル・ブレースド・アーチ橋を鉄骨として利用し、橋長52・5メートルのコンクリートアーチ橋として大改修した。

架設当初は横桁、床版、高欄などが木製であったため、1927年（昭和2）、木製部分を鉄製に改修した。さらに1935年（昭和10）、橋の垂直材は1本置きに、トラスの斜材は全て取り除いてコンクリートで巻き込み、鉄筋コンクリートアーチ橋にしたという。極めてまれな改修工法で現在の形となった。均整の取れた橋は、その出来栄えも評価されている。いずれも、足尾銅山の技術の高さを物語る遺構群である。

横浜臨港線概略図（1970年代）

神奈川県

横浜臨港線

近代都市へ、港町に見る変遷

52

新港と税関線の誕生

横浜のJR桜木町駅前から、みなとみらい新港地区へ、海の上を渡るかのような遊歩道が続く。その名も「汽車道」。かつてここには、初代横浜駅と新港埠頭を結ぶ貨物鉄道が走っていた。今は線路跡の一部に、約500メートルにわたってレールが敷かれており、連なる3つの橋が、観光や買い物に訪れる人々を出迎える。

都市・横浜の歴史は、1859年（安政6）の開港とともに始まった。外国貿易は急速に発展して内外の商人が集まり、1866年（慶応2）の大火を機に今日の基礎となる近代的な都市計画が進むものの、こと港湾整備は遅れがちであった。まず、1864年（元治元）に外国人居留地前に新波止場（フランス波止場、現在の山下公園）を建設し、次いで開港時に築いた2本の突堤のうち、東側（イギリス波止場）を弓なりに増築（象の鼻）しただけで、

本格的な波止場として鉄桟橋（大桟橋の前身）が完成したのは1894年（明治27）であった。

だが艀《はしけ》による荷役を改善するためにも、さらなる港湾整備は必要だったため、紆余曲折を経て旧来の波止場より西側を埋め立てて新港埠頭を建設する工事が1899年（明治32）に始まった。日露戦争による財政難で中断するも、国費に加えて横浜市も資金負担することで再開。埋め立て完了後に発電所や現在まで残る赤煉瓦の倉庫などの陸上設備を整え、ようやく1914年（大正3）、東洋一と謳われた新港埠頭は完成した。

ここに敷設されたのが、横浜臨港線（通称税関線）である。横浜駅（現在の桜木町駅）から埠頭に乗り入れるにあたって、大岡川の河口に2つの長い人工島を築き、艀の航行を妨げないよう3つの橋でつないで線路を通した。さらに埠頭内には各岸壁や倉庫前まで引き込み線を巡らせ、1911年（明治44）に営業運転を開始した。翌年には東側の新港橋梁を渡り、横浜税関まで線路が延伸されている。

53

人工島が連なる形状から「ウィンナー」と呼び親しまれてきた場所は、公募により「汽車道」の名がつけられた。3つの橋と共に、1910年（明治43）に築かれた石積みの護岸も横浜市の歴史的建造物に認定されている。

桜木町駅寄りの港一号橋梁のトラス橋部分と、続く港二号橋梁は同形で、１９０７年（明治40）アメリカン・ブリッジ社製の１００フィートの鋼プラットトラス。汽車道にはレールを敷かない案が有力だったが、安全面に問題がないことが他地域の事例で証明されたことから、一転、レールを生かした歩道になった。

現在の港三号橋梁は、１９２８年（昭和３）、生糸検査所の引き込み線用に架けられた大岡橋梁の一部を歩道脇に移設したもの。もともとは１９０６年（明治39）に架設された北海道炭鉱鉄道の夕張川橋梁を移築した部分でイギリス製のピン結合ワーレントラス橋。トラスの高さが低いためポニー（子馬）トラスと呼ばれる。

55

56

横浜駅の変遷と貨物輸送

横浜駅は、日本初の鉄道として横浜～新橋間が開通した1872年（明治5）に開業した。

1886年（明治19）に東海道線の敷設が決まると、横浜はその途中駅となったが、当時の横浜駅は東海道を外れていたため、線路は東西をY字状につなぐ形となり、直通列車は横浜でスイッチバックにより方向転換しなくてはならなかった。

そのため、日清戦争により貨物輸送が急増すると、通行に手間取る横浜駅を経由しなくて済むよう軍用短絡線が1894年（明治27）に開通する。横浜商業会議所の強い反対にもかかわらず、戦後はこの短絡線が東海道線の本線となり、長距離直行列車は横浜に停車しない事態となった。一方その頃、横浜駅は増加する貨物に処理が追いつかず、構内に洋綿糸、織物、肥料といった輸入品が山積みにされることもあったという。貨車、倉

汽車道の終点で一端途切れたレール跡は、現在は広場になっている赤レンガ倉庫前で再び見ることができる。

庫、貨物積み下ろしホームなどの絶対的不足が原因であった。新港埠頭に倉庫などを整えて税関線を開通したことも打開策の一つであったが、埠頭内で貨物列車の入れ換えを行う操車設備は十分とはいえず、結果的に横浜駅の貨物滞留は依然として続いていた。

両者の問題の解決は、東海道線改良計画の一環として図られた。1915年（大正4）、初代横浜駅と短絡線の間に線路を通して2代目横浜駅を開設し、スイッチバックを解消。併せて線路と駅で客貨分離を進め、2代目横浜駅は中・長距離の旅客輸送を担い、初代横浜駅は近距離の旅客輸送を担う桜木町駅と、貨物専用の東横浜駅とに分離した。

2代目横浜駅近くには貨物の操車場を設け、この高島駅と東横浜駅、東海道線の程ヶ谷駅を結んで貨物輸送が始まった。さらに貨物線は東神奈川、鶴見へと延び、臨海一帯に貨物輸送網が整備されていった。

しかし1923年（大正12）の関東大震災により、これらの駅舎や線路は甚大な被害を受ける。2代目横浜駅も崩壊し、1928年（昭和3）、日清戦争以来の短絡線を復活利用して東海道線を直線化、3代目の横浜駅が現在地に開業した。

新港埠頭の横浜港駅は税関線用の荷扱所であったが、1920年（大正9）に横浜港駅に格上げされ、サンフランシスコ航路の出航日は旅客列車（ボートトレイン）も運行された歴史を持つ。ホームは1928年（昭和3）に完成。

新港埠頭と山下町方面をつなぐ新港橋梁には、単線鉄道橋（手前）が並行して架設された。

木造上屋と物揚場

現在の赤レンガ倉庫前にしかれたレール。

58

大正時代の古写真にみる新港埠頭風景

新港埠頭完成後の1917年（大正6）、大蔵大臣官房臨時建築課より『横浜税関新設備報告』に併せし発行された写真帖には、工事写真も含め34葉の写真が収められている。

写真はすべて国立国会図書館デジタルコレクション『横浜税関新設備写真帖』より

20余年の山下臨港線

1953年（昭和28）、第二次世界大戦後に米軍が使用することとなった瑞穂埠頭に代わる施設として、山下埠頭の建設が始まった。ここに臨港貨物線を延伸することが計画されるが、高架で山下公園を通過することから、景観を損なうとして反対運動が起こる。高架の橋桁を高くし、線路を最も道路側に敷設することで対処し、1965年（昭和40）に山下臨港線が開通した。

しかし1970年代に入ると、モータリゼーションにより貨物の輸送手段も急速に車へと切り替わり、貨物線による輸送は陰りを見せ始める。1981年（昭和56）以降、横浜でも税関線をはじめとする貨物支線や専用駅が次々に廃止された。同時に海上コンテナの普及により、対応可能な本牧・大黒両埠頭が山下埠頭に代わって台頭すると、山下臨港線は1986年（昭和61）、敷設から20年余りで役割を終えることになった。

税関へ至る新港橋梁は税関設備の一部として大蔵省臨時建築部が設計施工した国産（浦賀船渠製）の100フィートポニーワーレントラス橋。汽車道同様、橋上にレールを敷いて整備した。

歴史と海風を肌で感じる道へ

2002年（平成14）、FIFAワールドカップサッカー大会の決勝戦が横浜で開催された年に、新港を象徴する歴史的資産である赤レンガ倉庫は、文化・商業施設として生まれ変わった。これに合わせて「山下臨港線プロムナード」が整備され、1997年（平成9）に開通した「汽車道」と共に、かつての貨物線跡は、桜木町駅から新港地区を経て関内・山下地区へと至る一本の道の一部としてつながった。「開港の道」と名付けられたこの道は、新旧の名所や公園を結び、歴史に親しみながら水辺を巡る、魅力あふれる遊歩道になっている。港町の景観と、文化遺産を生かした都市デザインの中に、時代の需要に応えたレールの跡は、静かに光を放っている。

山下公園内の高架線は撤去されたが、新港橋梁から公園の手前までの約550メートルを山下臨港線プロムナードとして整備。水際と高架上の両方から眺めを楽しめる。

取材協力：横浜市都市整備局 企画部都市デザイン室

60

群馬県

碓氷線

急勾配がもたらした煉瓦アーチ橋

峠越えに日本初のアプト式で挑む

旧国鉄信越本線の横川～軽井沢間は、群馬県と長野県を分かつ碓氷《うすい》峠を挟み、碓氷線の愛称で親しまれた。日本最大の煉瓦アーチ橋である碓氷第三橋梁をはじめ、一連の煉瓦造りの鉄道遺構は、明治期を代表する構造物として、鉄道ファンのみならず多くの人に知られている。

古来、交通の要衝であった碓氷峠に、鉄道が開通したのは1893年（明治26）である。この路線は当初、政府が東西幹線に決定した中山道線として計画され、難所の峠をいかに越えるか、明治初年より度々調査が行われた。東西幹線はその後、東海道線案に翻るが、関東と甲信越を結ぶ鉄路の重要性は高く、高崎～横川間に次いで直江津～軽井沢間が1888年（明治21）までに開通した。しかしなお、横川～軽井沢間は着工に至らず、カーブの連続する国道に敷設された馬車鉄道がつないでいた。

そこへもたらされたのが、当時ドイツに滞在していた後の鉄道大臣、仙石貢ら鉄道技師からの報告である。技術者ローマン・アプトが考案したラックレールが、ハルツ山地の登山鉄道で初めて実用化されたという。このアプト式、すなわち2本のレールの中央に敷いた歯形のレールに、機関車の歯車を噛み合わせて進む方式を採用することを前提に、あらためてルートを検討し、15分の1、66・7パーミルという旧国鉄一の急勾配に鉄路を開くこととなった。

『明治工業史 鐵道編』（1930年）には、「本線路は其の距離僅かに七哩に過ぎざれども、一大天嶮の地なるを以て、工事困難なる實に想像の外なりき」と記されている。着工後も実地に即して計画は修正され、最終的に26の隧道と18の橋梁が築かれた。

当時すでに一般的であった鉄製の桁橋は平地の1カ所のみで、ほかはすべて煉瓦造りのアーチ橋が採用されたのは、立地が急勾配で、かつ特殊なレールを支えるためであったと考えられる。さらに1891年（明治24）の濃尾地震により、東海道線の煉瓦造り橋脚に被害が生じたことを受け、工事中の橋梁に耐震性を高める工夫も加えられた。

61

めがね橋の愛称で知られる第三橋梁は4連で橋長90・8メートル、川底からの高さ31・4メートル。上を歩いても下から見上げても絶景である。

第五橋梁は径間11メートルの単アーチ橋。旧線の橋梁はすべてお雇い外国人のイギリス人鉄道技師パウナルが設計に携わった。

碓氷線(旧線)と碓氷峠鉄道施設

現在の地図に碓氷線（旧線）の路線を重ねた。

拡大する輸送需要に応えた歴史

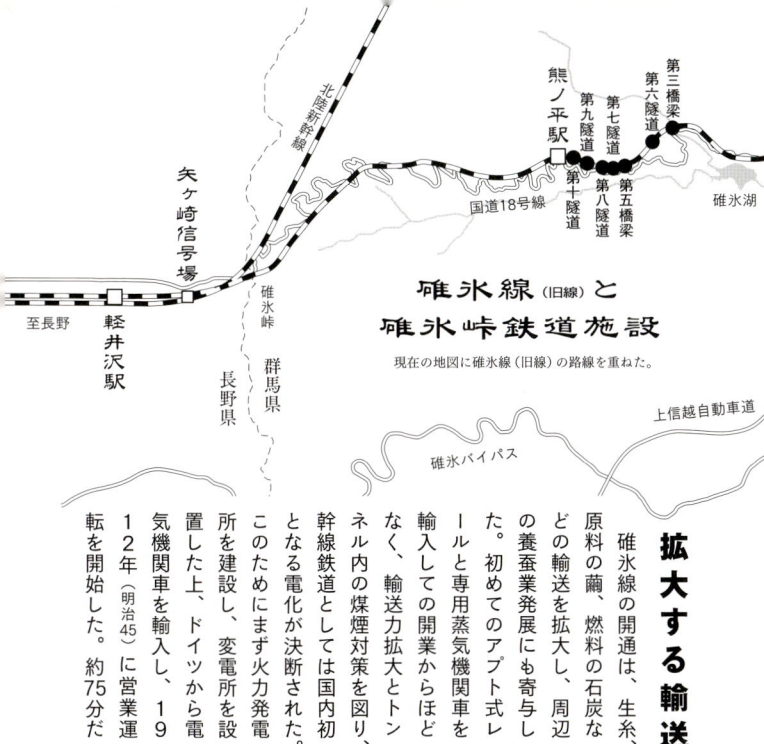

碓氷線の開通は、生糸、原料の繭、燃料の石炭などの輸送を拡大し、周辺の養蚕業発展にも寄与した。初めてのアプト式レールと専用蒸気機関車を輸入しての開業からほどなく、輸送力拡大とトンネル内の煤煙対策を図り、幹線鉄道としては国内初となる電化が決断された。このためにまず火力発電所を建設し、変電所を設置した上、ドイツから電気機関車を輸入し、1912年（明治45）に営業運転を開始した。約75分だった横川〜軽井沢間の所要時間は約45分に短縮され、1921年（大正10）にはすべての列車が電化されている。

戦後は貨物輸送に代わり、旅客輸送が増大した。需要に応えるため、通常軌条による複線化が計画され、急勾配に対応可能な国産電気機関車を開発し、1963年（昭和38）、アプト式はその役割を終えた。

旧線時代の遺構が残るのは、新線に線路が利用されなかった、横川〜熊ノ平区間である。2001年（平成13）に横川から第三橋梁までが遊歩道「アプトの道」として整備され、2012年には熊ノ平まで延長された。5つの橋梁、10の隧道を通る、全長6・3キロメートルのコースは、70年間現役を貫いた重要文化財に間近に触れられる、貴重な道である。

1999年に一般財団法人碓氷峠交流記念財団が運営する「碓氷峠鉄道文化むら」がオープンし、旧横川機関区の事務所や検修庫を利用し、資料や車両を展示している。横川から約2・6キロメートルの新線の下り廃線路を利用し、トロッコ列車を運行しているが、この区間はかつての旧線も走っていた区間である。なお、アプト式のラックレールは横川駅前の排水溝の蓋や、煉瓦橋側面のケーブル吊り具などに再利用されている姿を今も見ることができる。

第七隧道は75メートルで区間中最短。隧道の断面はすべて同一だが、坑門の意匠にはそれぞれの場所にふさわしいよう変化がつけられている。

協力：一般財団法人
碓氷峠交流記念財団
碓氷鉄道文化むら

第六隧道は５４６メートルで区間中最長。工期短縮のため、横からも掘削を進めた孔の跡から光が差し込む。

生き続ける鉄道遺構
拡大する文化的価値

伊東 孝

「遺産」概念を変えた「世界遺産」

今や遺産ブームである。産業遺産、文化遺産、自然遺産など、さまざまな分野に冠されている。しかし今から35年前は、遺産という言葉は、雑誌などのタイトルには使えなかった。イメージが悪いというのだ。「残されたもの」「古めかしいもの」というイメージが強いといわれた。「土木遺産」という言葉の代わりに、「近代土木構築物」というタイトルで連載を行ったことがある。「歴史的土木構造物」は、時代が広すぎたのか採用されなかった。当時、土木という言葉も、環境破壊の元凶のようにいわれていたので、「土木遺産」は、二重に悪いイメージがついていたことになる。

文化財としての近代化遺産の調査は１９９０年（平成2）より開始され、93年には本書で紹介した群馬県碓氷峠にある煉瓦造りの鉄道アーチ橋群と秋田県の水道施設が近代化遺産として初めて国の重要文化財に指定された。しかし「遺産」のイメージを変えたのは、「世界遺産」である。１９９２年（平成4）、日本が世界遺産条約を批准し、翌年、文化遺産として姫路城や法隆寺、自然遺産として屋久島や白神山地が世界遺産に登録され、メディアで広く紹介されるようになってからのことだ。しかし世界遺産条約自体はすでに１９７２年に締結されていたので、日本が条約を批准したときは、20年遅れのことであった。わが国における世界遺産効果は絶大であった。その延長上に今の遺産ブームがある。ちなみに93年に出版された拙著『東京再発見』（岩波新書）では、かろうじて副題に「土木遺産は語る」を入れさせてもらったが、２０００年（平成12）の岩波新書では、『日本の近代化遺産』という主題が採用された。

日本語では世界遺産だが、英語ではワールドヘリテッジ（World Heritage）という。ヘリテッジが「遺産」という意味だ。和英辞書を引くと、遺産にはヘリテッジのほかに、レガシー（Legacy）という単語も出てくる。最近では、2020年のオリンピック施設の建設に際し、東京都は「オリンピック・レガシー」という言葉を使っていた。レガシーの第一義的な意味は、「死んだ人が残した財産」「(特に遺言による動産の）遺産」などであるのに対し、ヘリテッジは「(環境保護では、後世に伝えるべき自然環境や古代遺跡などの）遺産」となっている。「残されたもの」より、「残すべきもの」のヘリテッジの方が、未来や次世代へ向けた前向きの言葉といえる。

レガシーからヘリテッジへ

世界遺産に登録される3つのキーワード・セットとしてOUV（Outstanding Universal Value）とオーセンティシティ（Authenticity）、インテグリティ（Integrity）がある。

OUVは、「顕著で普遍的な価値」と訳され、言い換えれば「広く誰にでも分かる価値」である。

オーセンティシティは「真正性、真実性」と訳されるが、分かりやすくいえば、モノが「正真正銘の本物」であることを意味する。OUVを表す重要な特性になっており、特性の例としては、形状・意匠や材料・材質、位置・環境、伝統・技術、管理体制、用途・機能、精神、言語などがある。「精神、言語」がオーセンティシティに含まれていることに注意したい。

インテグリティは「完全性」と訳され、すべてが備わっていること（completeness）または損なわれていないこと（intactness）を意味し、OUVの健全性を示す。世界遺産の審査では、①OUVの特性がどの程度あるか、②OUVの特性を示す上で、十分な規模があるのか、③開発圧力ないしは管理放棄で、OUVの特性が傷んでいないか、などがチェックされる。

日本の文化財でも、オーセンティシティが重要な評価基準になっており、形態・意匠や材料・材質、位置、技術、用途・機能などのオーセンティシティが重視される。

世界遺産の基準は発足当初と比べて基本的には変わらないが、基準の解釈には変化が見られる。一言でいえば、多様になってきたといえる。一番大きな変更は、1994年の「グローバル・ストラテジー」（正式名称はThe Global Strategy for a Balanced, Representative and Credible World Heritage List）である。「バランスがとれ、代表的でかつ信頼できる世界遺産リスト作成のための世界戦略」と訳される。目的とするところは、「世界遺産の不均衡是正」にあった。グローバル・ストラテジーというと、わが国では世界遺産の範疇に「産業遺産」が加わったことのみが注目されているような印象を受けるが、グローバル・ストラテジーでは「産業遺産」と共に「文化的景観」や「20世紀建築」にも目を向けるように勧告している。わが国の文化財保護法もこの影響を受けて、世界遺産の範疇より意味内容は狭いが、「文化的景観」が10年後の2004年（平成16）に文化財として指定されるようになった（世界遺産委員会では、1992年に既に「文化的景観」を世界遺産の範疇に加えていた）。「20世紀建築」はどうか。フランスからの提案があり、戦後に造られた建築で年代が新しいため日本の文化財保護法にはなじまなかった国立西洋美術館が国の重要文化財に指定され、「ル・コルビュジエの建築と都市計画」の構成資産の一つとして世界遺産入りを目指している。世界遺産では文化の多様性が認識され、遺産の種類や内容が多面的に追求されているのである。

鉄道施設における遺産とは

さて、鉄道というインフラ施設の大きな特徴は、レールでネットワークが構成されていることにある。同様に道路インフラは高速道路や道路・街路でネットワークを、さらに電気、上下水道、ガス、電話などのライフラインのインフラ施設も、それぞれ独自のルートでネットワークを構成している。

機関車や列車が走り、非常時の場合、ブレーキ荷重もかかるレールは、耐久性と精度が要求され、製造には高度な鉄鋼技術が必要とされた。一時期、製鉄所の良しあしは精度の高さに加えて、どれだけ耐久性のあるレールを造れるかにあった。それゆえレールには一般型鋼にはない情報量がレール側面に陽刻されている。メーカー名、単位重量（レール1m当たりの重さ）、断面規格、製造年月、製鋼法、納入先名などである。これによって、レールの品質と共に、トレーサビリティ（追跡可能性）を保証したのである。

一口にレールといっても、皆さんお馴染みのJRや新幹線、私鉄各社の別がある。それによってレールの軌道幅が違うし、同じ軌道幅でも単位重量の違うレールもある。また同じ重さでも、レール形状によって名称が変わる。わが国最初の鉄道である明治5年に新橋—横浜間で使用されたレールは双頭レールであった。レールの上下が使用でき、一方がすり減ったとき、上下を入れ替えて利用できるリバーシブル・レールである。さらに鉱山鉄道、森林鉄道、工事用のトロッコレール、小さな工場内や商店などで使用していた簡易なトロッコレールもあり、それぞれ軌道幅やレールの重さが違っていた。これに鉄鋼メーカー別や国別・製作年などの違いが加わる。

鉄道施設を材料別に見ると、煉瓦・石、鉄、コンクリートという順序で歴史的に登場してきた。材料の違いによって構造物の形態や意匠、空間のあり方、表情の相違があり、同じトンネルでも、総煉瓦造りのものと石造トンネルとでは受ける印象がまったく異なる。煉瓦はハイカラに見えるし、石造は荘重感が真っ先に感じられる。

筆者は、本書の取材対象の調査や選定に参画した。遺産ブームとなった現在、類書は多く見かけるが、今回はこれまでにない視点として〝廃線の利活用〟を調査した。いずれも、当初の機能や役割、あるいは設置場所は変わったが、今でも使用されていたり、見学対象となるなど、形を変えて「現役」で活躍する構造物である。連想したのは、サラリーマンでいえば、定年にはなったが、隠居生活に入らず、会社を替えて新しい職場でがんばっている人たちである。「廃墟ブーム」「滅びの美学」という鑑賞方法もあるが、定年後の第二の人生のように、古い構造物の新たな活用方策を見出す意味で、今回は鉄道構造物に焦点を当てたいと考えた。オーセンティシティの観点からいえば、材料の本物性は適合しているとしても、機能の本物性はなく、場所の本物性がないものもある。むしろ機能が変わり、場所まで替わったものや、当初の形態とは異なるものにも見るべき価値があることを伝えたいと考えた。文化財の基準からは、外れたものに着目したことになる。

最終的には現地で見ることに勝るものはない。現地には、遠景・中景・近景それぞれの見え方があるし、思わず触ってみたくなるような触景もある。写真では聞こえてこなかった鳥のさえずりや川のせせらぎ、風の温かさや冷たさ、木々のゆらめき、日差しの強さや日の陰りなどが感じられるし、現地ならではの思わぬシチュエーションにも遭遇するかもしれない。その前に、モノによっては現地にやっとたどり着いた感動も含めて写真とは違う印象が加わるかもしれない。構造物の多様性とともに、本書が現地への誘いのきっかけや序曲になることを願ってやまない。また、現地に行かれたことのある人は、土木写真家の西山芳一氏によって切り取られた写真のような世界のあることを感得するかもしれない。現地へ足を運び同じような体験をするだけでなく、皆さんなりの体験をしてほしい。現地にはくめども尽きせぬ魅力と奥深さがある。

68

廃線跡を歩いて「発見の喜び」を知ろう！

小野田 滋

廃線跡の特徴

廃線跡は、本書でも紹介されるように、全国各地に分布し、その置かれている立場もさまざまである。廃止後に遊歩道やサイクリングロードとして整備され、保存と活用を両立させながら休日には多くの人々が訪れる廃線跡もあれば、草木に埋もれたまま朽ち果てて人知れず大自然へと戻りつつある廃線跡もある。

鉄道の廃線跡は、学問的あるいは法規的に厳密な定義がなされているわけではないが、筆者のこれまでの経験に基づいて大雑把に分類すると、平地型と山岳型に分けることができ、それぞれ左記のような特徴がある。

●平地型（都市型）廃線跡

平地型の廃線跡の多くは、都市またはその近郊に分布しているので、「都市型」と称してもよいかもしれないが、農村の平野部にも廃線跡は存在するので、ここでは「平地型」と称してみた。大都市の近郊では今も鉄道が発達しているので廃線跡は少ないが、地方の中小都市では自動車の発達とともに廃止された鉄道の廃線跡が数多く存在する。

平地型の廃線跡は、平坦な地形（平野や台地）に位置するため歩きやすく、交通の便も比較的良くて季節を問わないので、入門者向けである。また、廃線跡を道路や公園に再利用しているケースも多いので分かりやすい。

しかし、都市化が進みすぎて廃線跡の痕跡がほとんど残っていない場合があり、目立つ橋梁やトンネルなどの構造物も少なく、規模もそれほど大きくないので、廃線跡を探索したという満足感にやや乏しい。

●山岳型廃線跡

地形が急峻なわが国には、山岳地形を縫うようにして線路を敷設した痕跡があちこちに残っていて、廃線跡の醍醐味を満喫できる。また、急峻な地形を克服するために、構造物も特殊な技術を用い、規模も大きくなるので、見ごたえがある。ただし、交通が不便で、冬は雪に埋もれ、

平地型の廃線跡は道路に転用されることが多いため、緩いカーブに鉄道線路の面影が残りやすい（東京都北区・須賀専用線）。

山岳型の廃線跡に残る明治時代の煉瓦造のトンネル（愛知県・中央本線）。

橋梁の付け替え工事後も残された「ミニ廃線跡」の橋台（三重県・近鉄名古屋線）。

夏は草木が生い茂って熊やマムシに遭遇する危険もあるので、本格的な登山並みの重装備が必要な場合もある。

平地型と山岳型のどちらを選択するかは個人の自由で、平地型を選んでお洒落なカフェで一服するも良し、山岳型を選んで大自然の中で握り飯を頬張るも良し、ということで、廃線跡はシティ派もカントリー派も楽しめる対象である。もちろん、途中までは平地型で、その先は山岳型という折衷型の廃線跡もあるので、両方を楽しみたいという欲張りな方には、おススメである。

こうしたそれぞれの廃線跡の特徴を生かしながら、廃線跡の再生が行われることとなるが、ここではその代表例として横浜港（横浜市）と碓氷峠（群馬県安中市）の廃線跡を紹介してみたい。

平地型の代表例 横浜港

横浜港は、神戸港などと共に幕末に開港し、日本の貿易の玄関口として発展した。横浜港の拡張とともに、これに接続する鉄道も整備され、大正時代に埋め立てられた新港埠頭の整備では、桜木町付近から新港埠頭を横断して横浜税関に至る鉄道が建設された。平坦な路線だったのでトンネルはなかったが、埠頭に至る路線は海面を埋め立て、橋梁を架設したため、都市内の廃線跡には珍しく、鉄道が走っていた頃の面影を色濃く残している。

新港埠頭内の廃線跡も、線路の跡を舗装面に再現するなどして分かりやすく、外国航路の客船が着くたびに旅客を運んだボートトレインのプラットホームなども残っている。この一帯は、かつて港湾関係の業務施設しかなかったが、横浜市によって1984年（昭和59）より「横浜みなとみらい21（MM21）」として開発事業に着手して現在の姿となった。

再開発にあたっては、横浜市の近代化の歩みを示す遺産を利活用することとし、鉄道の廃線跡以外にも、横浜船渠のドックや横浜税関の赤レンガ倉庫などの施設が保存された。鉄道の廃線跡は遊歩道、ドックはイベント広場とレストラン（ドックヤードガーデン）、赤レンガ倉庫はショッピングモールとして再利用され、それぞれの近代化遺産に新しい役割が与えられて余生を送っている。

線路の付け替え工事後も生活道路として再利用されている「ミニ廃線跡」のトンネル（長野県・しなの鉄道北しなの線）。

山岳型の代表例 碓氷峠

群馬県と長野県の県境に位置する碓氷峠は、中山道の昔から難所として知られ、1893年（明治26）に信越本線の横川〜軽井沢間の鉄道が開通した時も、アプト式（「アブト」とも）と呼ばれるラックレールを用いた特殊な鉄道を採用して、67パーミルという急勾配を登坂していた。煉瓦造りによる26カ所のトンネルが連続し、日本最大の煉瓦アーチ橋が架けられた。この明治時代の路線は、1963年（昭和38）に新しい路線にその役割を譲って廃止され、トンネルとアーチ橋はほとんど放置状態となってしまった。

これらの煉瓦構造物群は、明治時代の日本の近代化の歩みを示す遺産としての価値が認められ、1994年（平成6）に国指定重要文化財となり、路線は地元の自治体に譲渡され、2001年（平成13）に「アプトの道」と称する遊歩道としてリニューアルされた。また、旧横川機関区の構内を利用して鉄道文化むらが開設されて鉄道車両の展示などが行われているほか、沿線には温泉施設なども整備された。

こうして再利用された碓氷峠の廃線跡は、四季折々の景色を楽しむことができるハイキングコースとして、休日には多くの観光客が訪れるようになり、首都圏からも日帰りできる廃線跡として親しまれている。

地図を手に入れよう！

廃線跡を歩くための必須アイテムは、地図である。平地型にしても山岳型にしても、地図がなければどこに廃線跡が残っているのか分からない。廃止された鉄道なので、現在の地図には載っていないが、コツさえつかめば地図に残る鉄道の痕跡を読み取ることもできる。

基本的には、現在の地図と鉄道が走っていた頃の古い地図の両方がそろえばよい。地図にはいろいろな種類があるのでどれを選ぶか迷ってしまうが、筆者は国土地理院が発行している2万5千分の1地形図を愛用している（国土地理院の旧版の地図は各地方測量部で閲覧・入手できるほか、図書館などで所蔵している場合もある）。

都市部では1万分の1ぐらいの縮尺が適当な場合もあるが、よく使われる5万分の1縮尺では情報が粗くなってしまうので、廃線跡歩きには不向きである。また、スマホのアプリの地図なども、山岳地では電波が届かない場合もあるので、ここは紙の地図にこだわりたい。

2万5千分の1縮尺になると、トンネルや主な橋梁といった鉄道構造物もほぼ省略されることなく図示され、全体の地形や廃線跡の位置なども把握しやすい。そして何よりも明治時代から測量を繰り返しながら改訂してきた地図なので、古い情報から最新情報までを時系列で調べることができ、地図記号や書式もほぼ統一されていて、客観的かつ信頼性が高い。最新の地図と古い地図を比較することによって、昔は田んぼだった場所が今では住宅地になっていたり、河川の改修工事で川の流れが変わっていたりなど、地図を見ているだけでも想像が膨らむ。

廃線跡を見つけよう！

廃線跡は、現地に行かなくても、地図があればある程度把握できるが、やはり現地に行かなければ何が残っているのか分からない。どこに、どのような鉄道の痕跡が残っているのかは、書籍やネットの情報などである程度は把握できるので、その鉄道がどこを通っていたかという情報さえ把握できれば、すぐにでも訪ねることができる。

鉄道は全国規模で普及していたので、沖縄県を含む全国の都道府県には、それぞれの地域の廃線跡が、何らかの形で存在している。鉄道は、目的地がはっきりしていて、それを線で結んでいるだけなので、起点と終点と経由地を地図上で押さえておけば、あとはそれに沿って道筋をたどるだけである。

鉄道の線路は、緩やかな勾配や曲線に特徴があるので、何カ所かを訪れてある程度の経験を積めば廃線跡は容易に発見できるだろう。また、地元で出会った方に尋ねれば、鉄道が走っていた頃の思い出話を聞くことができるかもしれない。目を閉じてかつて廃線跡を走っていた列車の姿を想像できるようになれば、立派な廃線跡の達人である。

廃線跡を歩こう！

廃線跡を訪ねることは今まで一部の愛好家だけの楽しみであったが、現在ではネットで衛星写真や地図を調べたり、廃線跡を訪れた愛好家のホームページやブログを検索すれば、ある程度の疑似体験ができるようになった。しかし、せっかく地図を見ながら膨らませた想像を、膨らませたままで終わらせてしまうのはもったいない。

廃線跡の最大の楽しみは、実際に現地を歩いて鉄道の痕跡と自分で見つける「発見の喜び」にある。ネットなど既存の情報もすべてを網羅しているわけではないので、現地を訪れるとさまざまな発見がある。鉄道や構造物に関する専門的知識があれ

旧 図1

1:25000

現 図2

★平地型の廃線跡 国鉄佐賀線（筑後若津―筑後大川）の線路が佐賀と福岡の県境にある筑後川を渡る（図1）。国土地理院1／2.5万「佐賀南部」（昭和39年改測）。1987年（昭和62）に廃止されたが、道路の曲線などに鉄道の面影を残している（図2）。国土地理院1／2.5万「佐賀南部」（平成10年修正）。

ば最強だが、廃線跡の路線上に橋梁やトンネルといった鉄道構造物が残っているため、専門的な知識がなくてもいくつかの痕跡は容易に発見できるはずである。

道路脇に残された正体不明のコンクリートの塊が鉄道の橋梁の痕跡だと理解した時の「発見の喜び」や、地図から抹消されていたトンネルが今でも残っていることを確認した時の「発見の喜び」など、廃線跡は「発見の喜び」に満ちあふれている。

ただし、廃線跡なのですでに橋が撤去されてしまったり、朽ち果ててしまって渡ることが危険であったり、トンネルの出入り口が塞がれて行き止まりであったり、路盤が土砂崩れなどで流されてしまっていることなどもあるので、特に山岳型の廃線跡では無理のない行動が求められる。また、都市型の廃線跡でも、立入制限のある私有地や管理地になっている場合がしばしばあるので、くれぐれも不法侵入とならないよう、安全管理とマナーには十分に注意したい。

廃線跡の存在を知ると、今まで単なる生活道路や平凡な農道、ありふれた山道だと思っていた日常の風景が、ある日突然、違って見える自分に気がつくと思う。廃線跡の魅力は、何といっても「実物が残っている」ことにあるが、必ずしもすべてが残っているとは限らないので、何も発見できなくても落胆しないでほしい。鉄道の痕跡が「すでに残っていない」ことをこの目で確認することも、廃線跡探索の重要な目的である。

写真・地図提供　小野田 滋

旧

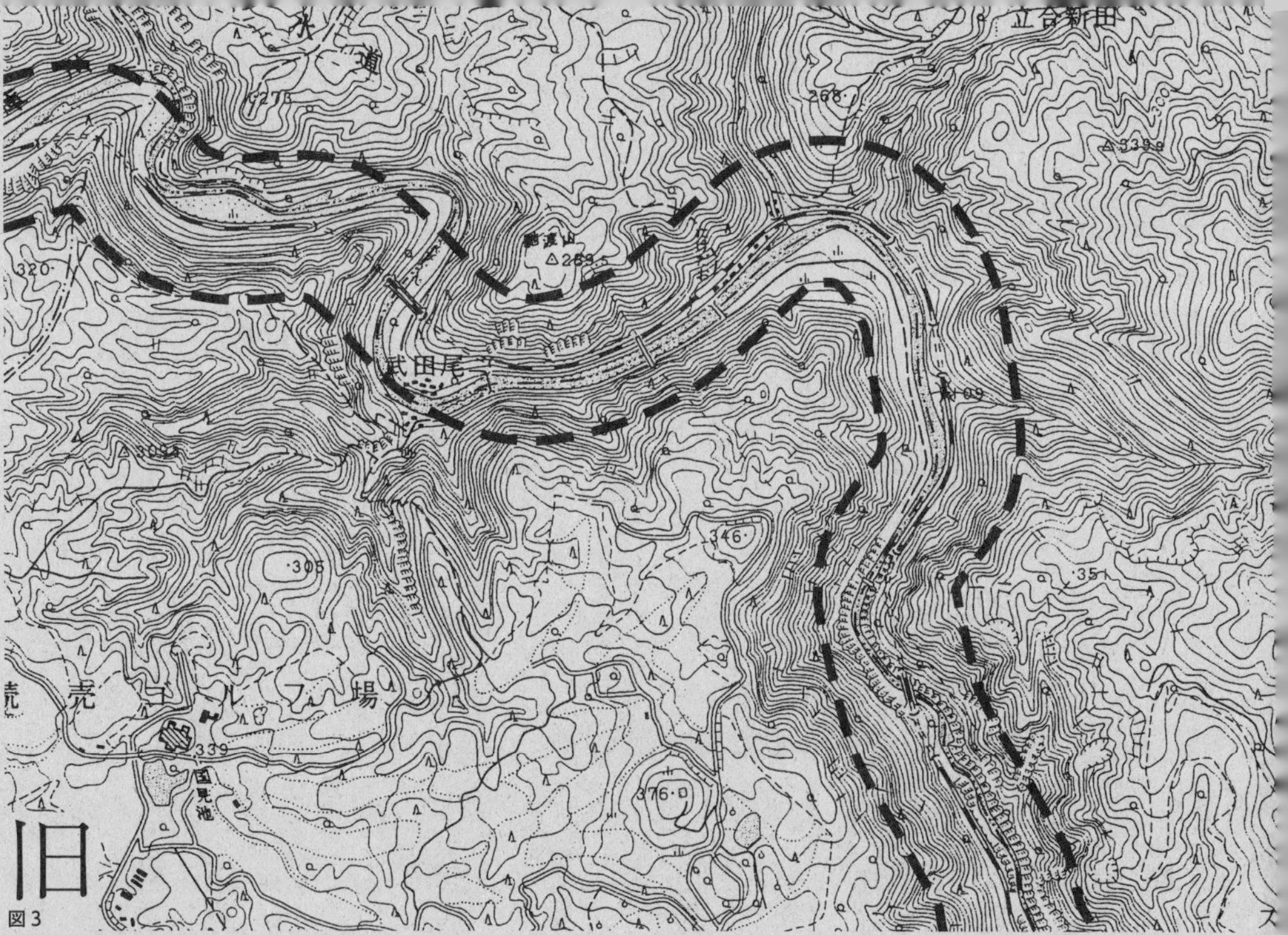

図3

1:25000

現

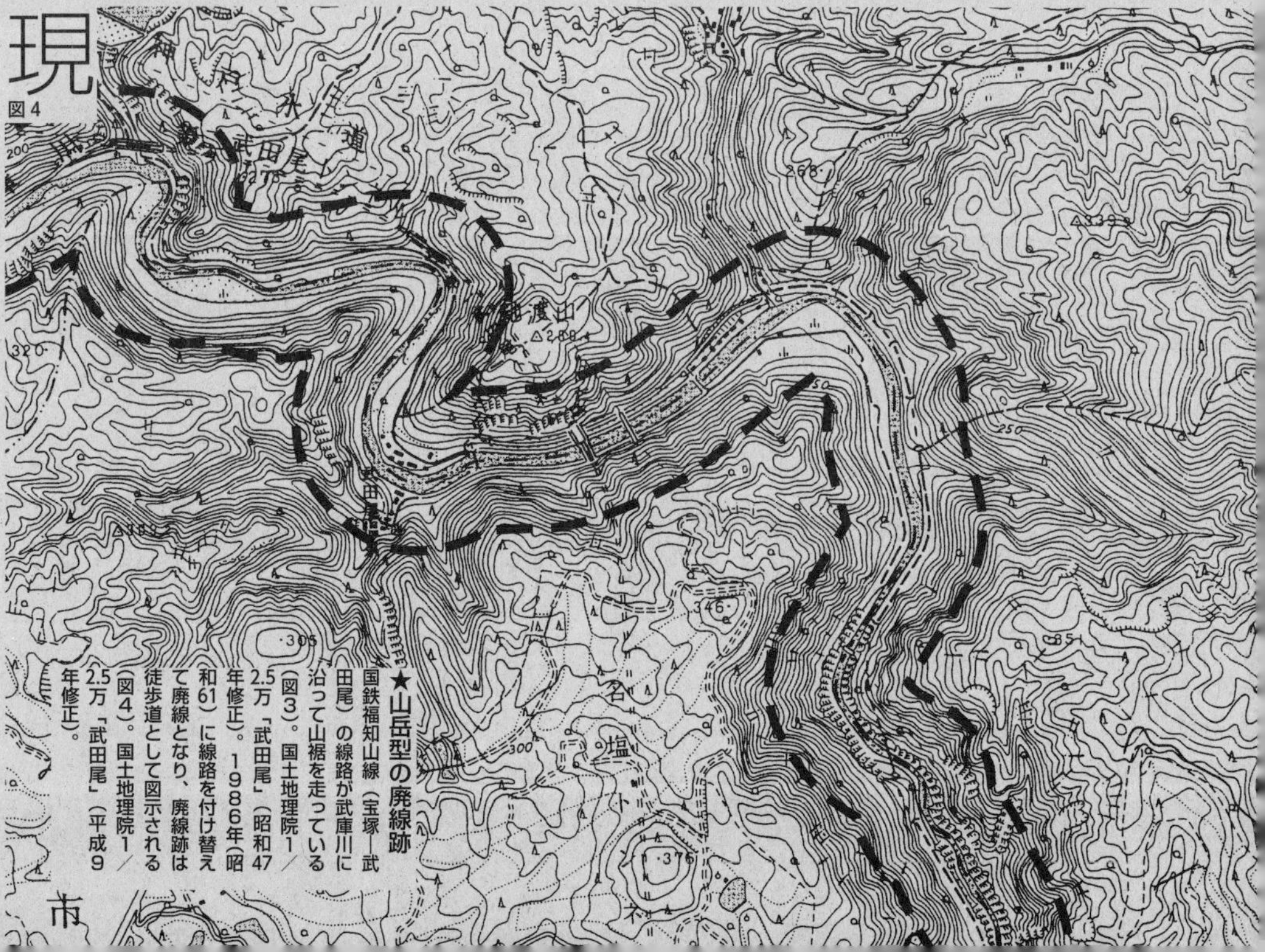

図4

★山岳型の廃線跡
国鉄福知山線（宝塚―武田尾）の線路が武庫川に沿って山裾を走っている（図3）。国土地理院1／2.5万「武田尾」（昭和47年修正）。1986年（昭和61）に線路を付け替えて廃線となり、廃線跡は徒歩道として図示される（図4）。国土地理院1／2.5万「武田尾」（平成9年修正）。

72

ランドスケープとしての鉄道遺構

西村 浩

時空を超えるタイムマシーン

最初に断っておくが、僕は、特に鉄道ファンではない。車両そのものや鉄道写真の撮影には興味がないし、全国の鉄道を制覇することにもそれほど関心がない。ましてや、鉄道グッズや鉄道模型、時刻表などに夢中になったことは、これまで一度もない人間だ。ただ、そんな僕でも、時間が許すのであれば、飛行機や新幹線での高速移動よりは、ローカル線を乗り継いで、ビールを片手にゆっくり風景を楽しみながらの旅の方が好きだ。特に地方都市は車中心の社会なので、道路とは違うルートをたどるローカル線から垣間見る、地域固有の自然や地形、産業や暮らしの風景は、とても新鮮に見える。新幹線や特急列車に比べれば、圧倒的に乗り心地は劣るが、ガタンゴトンといういかにも古めかしい音のリズミカルな横揺れが、むしろ遠い昔の記憶や遠くの故郷への想いを呼び起こしてくれるように思える。

鉄道の魅力は、見る人や乗る人の想像力をかき立てて、人間の営みの風景をより深く伝えてくれるところにあるのではないだろうか。ましてや、鉄道遺構となれば、交通インフラとしての機能を既に終えていて、それだけに、列車が走っていた頃の街の風景や当時の社会状況に想いが飛び、そしてなぜ廃線になったのだろうかと、普段は気にもしなかった疑問が次々と心に湧いてくる。

鉄道遺構をランドスケープとして見たときの感動は、鉄道の専門的な知識に基づくものだけではなく、遺構そのものが、当時の社会状況や都市の成り立ち、その地での人々の暮らしそのものと関わる鉄道の栄枯盛衰の物語を、人々に想起させる力を持っていることによるものなのかもしれない。すなわち、鉄道遺構とは、時間や場所を軽々と飛び越えて、この現代において眼前に広がる風景に、産業や技術そして都市の履歴を重ね合わせることができる「タイムマシーン」のようなものなのだ。鉄道遺構のある風景の豊かさは、そこに流れる時間の中にある。

朽ちゆく時間と記憶

鉄道遺構に流れる時間というと、一番分かりやすいのが廃墟美だろう。一言に鉄道遺構といっても、線路跡・橋梁・隧道・駅舎などさまざまな要素があるが、鉄路としての機能を終え、もはや収益性のある存在ではない以上、これらをこれまで通り健全に保守することは、維持費の面からもなかなかの難題である。それでも、線路敷きの遊歩道としての活用や橋梁や隧道の文化財としての保存が、タイミング良く検討されることになれば、鉄道に関わるさまざまな構造物をこれまで以上に良い状態で保存することが可能となることもある。ただし、用途が変わってそもそもの意味合いが失われてしまっているわけだから、晴れ晴れしくひたすら新しいという保存再生のあり方よりも、元来鉄路であった記憶の継承と共に、訪れる人々が当時の鉄路の風景に自然に想いを馳せるような、懐かしい風情が残るデザインが大切だと思う。

安全性の問題はあるが、鉄道遺構についてはそのまま原位置に保全して、構造物が少しずつ朽ち果てていくさまを見るのも、実に美しい。周囲の生命力あふれる自然景観と対比的に、未来に向かって鉄道遺構が朽ち果てていく時間の流れを感じることで、むしろ、その昔の鉄路の風景により一層近づくことができるような気がするのは僕だけだろうか？

近代化を支える産業の風景

１８７２年（明治5）に新橋～横浜間に日本で初めて鉄道が開通し、ここから日本の鉄道網の急速な拡大が始まるわけだが、当時、日本にはまだ鉄筋コンクリート（ＲＣ）の建築技術が十分に確立されていなかった。明治末期から大正初期にかけて、ようやくＲＣ技術が本格的に導入されるまでは、橋梁や隧道といった土木構造物の建設には、煉瓦を使った積石造が多く見られた。鉄道と煉瓦は、当時ほぼ同時期に輸入された西洋技術だ。だから、今残る煉瓦造の鉄道遺構は、開国以降の日本の近代化を象徴する風景そのものなのだ。

鉄道と煉瓦の関わりで、もう一つ面白い事実がある。鉄道網の拡大とともに、各地の鉄道沿線に次々と煉瓦工場が建設され、鉄道輸送を通じて、数多くの土木構造物の建設用に煉瓦が供給されるようになっていったのである。今、各地に煉瓦工場もしくはかつて煉瓦を製造していた窯業系の工場があるが、おそらくその多くが、明治大正期の鉄道の延伸と深い関わりがあるわけだ。なかなか採算の厳しいローカル線が多いが、仮に廃線になったとしても、煉瓦工場の存在が鉄道の記憶を伝え、かつての近代化の痕跡として受け継がれていく。日本の近代化を支え、鉄道網の急速な拡大を支えてきた産業そのものも、鉄道遺構がつくる風景といえるのかもしれない。

限られた技術を知恵と熱意で支える美しさ

日本の近代化が進むにつれ、日本古来の木造技術に加えて、煉瓦や石を使った積石造、鉄骨造、ＲＣ造など、次々と新しい技術が輸入されたが、材料の性能や製作可能サイズ、そして製作技術などの面では、現代の技術と比較すれば、当然のことながら大きく劣っている。それでも、現代と同様に、大河を渡る橋を架け、硬い岩盤に隧道を貫通させることができたのは、技術の未熟さを、人間の知恵と熱意で補ってきたからだと思っている。

例えば、スピーディで安定的に質の高い溶接が可能な自動溶接技術が生まれる前は、橋梁などでは、それを補う技術としてリベットが使われた。現場で一本一本リベットを熱して鉄骨にあけられた穴を通し、専用の工具を使ってかしめていくことで、鉄骨同士を接合する方法だ。人間の熟練した技術が必要で、とても手間のかかる作業だが、出来上がった構造物には、たくさんのリベットが美しく整列し、その肌理《きめ》の細かい表情が実に美しい。

また、昔は現代と比べて、材料そのものの質が劣っていた上に、大きな部材を製作することが困難だった。今ではH形鋼でも渡せば簡単にできる橋も、昔は、質の低い小さな部材しか用意できなかったので、その小さな部材をどのように組み上げて大河に渡すかを考えたわけだ。だから、日本の近代化を支えてきた古い鉄道橋には、スチールの場合はトラス橋、積石造の場合は小さな煉瓦や石を積み上げながら小さなアーチを連続的に渡していく多径間アーチ橋が印象的だ。隧道にいたっては、手掘りの人海戦術だ。灼熱地獄といわれた劣悪な労働環境の中で、命をかけて掘り続ける労働者の姿を映像で見たことがあるが、それを支えていたのは、当時日本全体が想いを共有してひたすら目指していた、近代化に向けた熱意ではないだろうか？

冒険家の石川直樹は、その著書（※1）の中で、パタゴニア製品の生みの親であり、自身も世界中を駆け巡る冒険家であるイヴォン・シュイナードの言葉を紹介している。

「冒険というものの究極は自分の身体一つで行うこ

夕張シューパロダムの完成によりダム湖に沈んだ三弦橋（大夕張森林鉄道夕張岳線第1号橋梁）。国内唯一の三弦構造の下路ワーレントラス鉄道橋であった。写真提供 ワークヴィジョンズ

とだと思っている。もしある人がはじめてクライミングをやりはじめたら、周りにある装備を全て使うだろう。…私にとっての究極は何の道具も使わない〝ソロクライミング〟なんだよ。…裸で登るのが究極さ。…全ての装置を知恵に置き換えること。それが到達点だと思ってる。私はそれを信じてやまない」

それを受けて、著者の石川は、

「…パタゴニアのクライミングギアの特長は、実用性に徹していることだ。無駄のないデザインと最小限の生地、そのような機能性から生まれる形は結果的に美しくシンプルなものになる。『全ての装備を知恵に置き換える』。それは過保護な日本の社会に、また科学技術に頼りきった現在の世界に最も欠けていることだ」

と答え、科学技術を盲目的に信じ、人間の本能や知恵を鍛えることを忘れてしまった人間そのものの〝退化〟に警鐘を鳴らしている。

鉄道遺構の古い構造物の多くは、未熟な技術を補う人々の知恵と熱意で成り立っている。現代的なスマートさはないが、職人の手の痕跡が残り、一つとして同じものはない肌理の細かさを、この現代で再生することは困難だろう。2人の冒険家が世界中を巡る中で感じた人間の〝退化〟を、鉄道の古い構造物の姿からも感じ取ることができ、そして、その風景が「知恵を使え！」と現代に生きる僕らに語りかけてくるようにも思えるのである。

都市に重層する履歴

当たり前のことだが、鉄道はリニアに地域同士を結んでいる。例えば、1882年（明治15）に開通した当時の官営幌内鉄道は、幌内で産出される優良な石炭を小樽港へ運ぶ役割を担っていたが、石炭に代わって石油が使われるようになると、石炭輸送を目的として造られたこの路線の利用が減少し、最終的に廃止となった。魚梁瀬森林鉄道は、山間地域の林業と深く関わりを持ち、山と海をつないで木材の運搬と出荷の役割を果たしていたが、陸上交通網の整備が進んできたことに加えて、魚梁瀬ダム建設により廃止となった。

鉄道は、旅客運送目的であることは多いが、その街の産業の歴史でもある。林業や炭鉱産業と深く関わり、その隆盛に合わせるように、鉄道会社の経営も左右されてきたのだ。幌内鉄道や魚梁瀬森林鉄道のように、収支悪化によりやむなく廃止となって、相当の鉄道遺構が撤去されてしまった例は数多くあると聞くが、地域同士をつなぐ線路跡の細くて長い特別な空間だけは、静かに街の中に残されていく。

鉄道は、産業・技術・物流などと深く関わる存在だから、廃止後に残る鉄道遺構は、都市の履歴そのものである。その履歴が抹消されることなく、都市の中に重ね合わせられていくことが、その街に時間的な奥行きをつくり、豊かな街の記憶となって、未来に受け継がれていくのである。

過去を見て未来を想う

時代の価値観は次々と変わる。鉄道遺産は、過去の価値観を現代に受け継ぎ、現代社会を生きる人間に「それでいいのか」と問いかけてくる。過去を見つめ直すことで初めて、未来が見えてくるのではないか。

過去を見て未来を想う。そこに鉄道遺構がつくる風景の奥深い魅力がある。

（※1）石川直樹『全ての装備を技術に置き換えること』（集英社、2009年）

参考文献

●奈良文化研究所『高知県中芸地区森林鉄道遺産調査報告書』（中芸地区森林鉄道遺産を保存･活用する会、2008 年）●「奈半利町・田野町・安田町・北川町・馬路村ガイドマップ」（中芸地区森林鉄道遺産を保存・活用する会、2008 年）●寺田正『林鉄：寺田正写真集』（寺田正写真集刊行会、1991 年）●朝日新聞高知支局編『森林鉄道物語』（馬路村教育委員会、1981 年）●魚梁瀬森林鉄道保存クラブ『魚梁瀬森林鉄道「りんてつ」私の記憶』（魚梁瀬森林鉄道保存クラブ、2000 年）●舛本成行『魚梁瀬森林鉄道』（ネコ・パブリッシング、2001 年）●加藤衛拡・太田 尚宏「国有林史料の調査と近世・近代史研究への展望」『徳川林政史研究所研究紀要』（徳川黎明会、2006 年）●西山芳一『タウシュベツ：大雪山の麓に眠る幻のコンクリートアーチ橋』（講談社、2002 年）●西山芳一『佐渡鉱山』（新潟日報事業社、2011 年）●佐渡市役所世界遺産推進課「佐渡金銀山を世界遺産に」ホームページ●「佐渡金銀山：佐渡金山遺跡（北沢地区）旧佐渡鉱山工作工場群跡発掘調査報告書」（佐渡市世界遺産推進課 2010 年）●足尾町文化財調査委員会編『足尾線 70 年のあゆみ』（足尾町文化財調査委員会、1981 年）●小野崎敏『足尾銅山：小野崎一徳写真帖』（新潮社、2006 年）●「足尾の産業遺跡 1 ～ 50」『広報あしお』（足尾町、2002 年 1 月～ 2005 年 12 月）●伊東孝「知られざる 100 年プロジェクト：足尾銅山 1 ～ 3」『CE 建築業界』（日本土木工業協会、2010 年）●『日本の近代化遺産』（岩波書店、2000 年）●横浜市企画調整局編『港町･横浜の都市形成史』（横浜市企画調整局、1981 年）●野田正穂・原田勝正・青木栄一・老川慶喜編『神奈川の鉄道 1872~1996』（日本経済評論社、1996 年）●長谷川弘和『横浜の鉄道物語：陸蒸気からみなとみらい線まで』（JTB パブリッシング、2004 年）●澤内一晃「横浜の臨港鉄道盛衰史」『鉄道ピクトリアル』第 63 巻 5 号 通巻 875 号（電気車研究会、2013 年 5 月）●横浜市都市計画局都市デザイン室長国吉直行・同室小田嶋鉄朗「水際線の産業遺産を活用し新しい魅力を創る一開港の道一」『土木施工』（オフィス・スペース、2004 年 1 月）●横浜税関総務部税関広報広聴室「横浜港の生い立ちと税関」四訂版（横浜税関、2008 年）●丹羽鋤彦「横浜税関海陸連絡設備」『土木学会誌』第 4 巻第 3 号（土木学会、1918 年 6 月）●上野淳人･大波修二･三谷祐一郎･鈴木淳司･尾栢茂「116 年前に造られたプラットトラスの再生工事の紹介：隅田川橋梁から江ヶ崎跨線橋を経て霞橋へ」『土木史研究 講演集 32』（土木学会、2012 年）●五十畑弘「江ヶ崎跨線橋 200ft プラットトラスの構造的特徴と歴史的評価」『土木史研究 講演集 30』（土木学会、2010 年）●大波修二・渡部理恵「旧江ヶ崎跨線橋を移設再利用した横浜市霞橋開通」『土木史フォーラム』43、44 号（土木学会、2013 年 7 月）●黒川徳男『北区の部屋だより』第 58 号（北区立中央図書館「北区の部屋」、2014 年 5 月）●中村勝実『碓氷アプト鉄道』（櫟、1988 年）●清水昇『碓氷峠を越えたアプト式鉄道 :66.7 パーミルへの挑戦』（交通新聞社、2015 年）●今尚之・進藤義郎・原口征人・佐藤馨一「旧国鉄士幌線の鉄道土木遺産とその保存活動について」『土木史研究』第 19 号（土木学会、1999 年 5 月）●宮脇俊三編著『鉄道廃線跡を歩く：失われた鉄道実地踏査 60』（JTB、1995 年）●宮脇俊三編著『鉄道廃線跡を歩く 3: 今も残る消えた鉄路の痕跡 60』（JTB、1997 年）●宮脇俊三編著『鉄道廃線跡を歩く 6: 実地踏査地図から消えた鉄道 60』（JTB、1999 年）●成瀬輝男編『鉄の橋百選：近代日本のランドマーク』（東京堂出版、1994 年）●松村博『日本百名橋』（鹿島出版会、1998 年）●文化庁歴史的建造物調査研究会『建物の見方・しらべ方：近代土木遺産の保存と活用』（ぎょうせい、1998 年）●兵庫県教育委員会事務局文化財室編『兵庫県の近代化遺産』（兵庫県教育委員会事務局文化財室、2006 年）●信越本線横川駅周辺鉄道文化財調査委員会編『信越本線横川駅周辺鉄道文化財調査報告書』（群馬県高崎財務事務所地域振興室・群馬県松井田町、1999 年）●小野田滋『鉄道構造物探見：トンネル、橋梁の見方・調べ方』（JTB、2003 年）●土木学会土木史研究委員会編『日本の近代土木遺産（改訂版）：現存する重要な土木構造物 2800 選』（土木学会出版、2005 年）

LIXIL BOOKLET

鉄道遺構 再発見

REDISCOVERY: A LEGACY OF RAILWAY INFRASTRUCTURE

執筆者紹介（掲出順 敬称略）

伊東 孝 ITOH TAKASHI 産業考古学会会長、元日本大学教授
1945 年神奈川県生まれ。東京大学大学院博士課程修了。都市計画史、土木史、景観工学専攻。内閣府の「稼働資産を含む産業遺産に関する有識者会議」委員や各県の文化財保護審議会委員、日本 ICOMOS「技術遺産小委員会」主査のほか、「勝鬨橋をあげる会」の代表などを務める。土木遺産の保存運動を継続的に続けている。著書に『日本の近代化遺産：新しい文化財と地域の活性化』（2000）、『東京再発見：土木遺産は語る』（1993 年、共に岩波新書）、『東京の橋：水辺の都市景観』（鹿島出版会、1986 年）など。

小野田 滋 ONODA SHIGERU 鉄道総合技術研究所情報管理部担当部長
1957 年生まれ。1979 年日本大学文理学部応用地学科卒業。同年日本国有鉄道入社。国鉄鉄道技術研究所、JR 西日本出向などを経て現職。1998 年東京大学博士（工学）学位取得。『鉄道構造物探見』（JTB、2003 年）、『鉄道と煉瓦』（鹿島出版会、2004 年）、『日本の美術 545 号：近代化遺産（交通編）』（ぎょうせい、2011 年（共著））、『高架鉄道と東京駅』（交通新聞社、2012 年）、『東京鉄道遺産』（講談社、2013 年）、『関西鉄道遺産』（講談社、2014 年）など。NHK「ブラタモリ」にも出演。

西村 浩 NISHIMURA HIROSHI 建築家
1967 年佐賀県生まれ。東京大学工学部土木工学科卒業、東京大学大学院工学系研究科修士課程修了後、設計事務所勤務を経て 1999 年ワークヴィジョンズ設立。建築・土木・まちづくり等、常に「まち」を視野に入れ、分野を超えてモノづくりに取り組む。現在、株式会社ワークヴィジョンズ 代表取締役、株式会社リノベリング 取締役、NPO 法人 GS デザイン会議 運営幹事、エンジニアアーキテクト協会 副会長。主な計画・作品に、大分都心南北軸構想、佐賀市街なか再生計画、函館市中心市街地トータルデザイン、岩見沢複合駅舎、佐賀「わいわい !! コンテナ」、鳥羽海辺のプロムナード「カモメの散歩道」、長崎水辺の森公園橋梁群など。主な受賞歴に、日本建築学会賞、土木学会デザイン賞、グッドデザイン賞大賞、BCS 賞、ブルネル賞、アルカシア建築賞、公共建築賞 他多数。

使用写真
表1：国鉄士幌線の第四音更川橋梁　表3：大日影トンネル
表4：魚梁瀬森林鉄道の明神口橋　背：大日影トンネル
撮影：西山芳一　監修：伊東 孝　取材・原稿協力：清岡博基＋須永秀夫
企画：LIXIL ギャラリー企画委員会　制作：株式会社 LIXIL　編集：石黒知子＋成合明子
AD：祖父江慎　デザイン：鯉沼恵一（cozfish）　校閲：小林達夫（ペーパーハウス）
印刷：凸版印刷株式会社　プリンティングディレクター：村上祐大
発行者：佐竹葉子　発行所：LIXIL 出版　東京都中央区京橋 3-6-18　Phone: 03-5250-6571

ISBN 978-4-86480-511-7　C0351　
本書は LIXIL ギャラリーにおける企画展「鉄道遺構・再発見」と併せて刊行されました。

発行日 2015 年 6 月 15 日